필승합격일본어능력시험
N2

아스크 출판사 편집부 편저

모의고사
3회분

HED

　일본어능력시험(JLPT)은 일본어를 학습하는 사람의 일본어 능력을 측정하고 인정하는 전세계적인 공인 시험 중에서 가장 권위 있는 시험으로 알려져 있습니다.

　이 시험에서 궁극적으로 5단계 레벨의 가장 상위 레벨에 합격을 목표로 공부하는 사람들을 위한 교재는 시중에 다양하게 발행되어 있으며 그 중에는 이 책과 같은 〈모의고사 문제집〉도 많습니다.

　모의고사는 왜 필요할까요? 그 답은 아래와 같습니다.

　먼저, 일본어 학습자는 자신의 일본어 능력은 어느 정도인지를 알고 싶고 그것을 인정 받고 싶어할 것입니다. 그래서 이 시험에 응시하는 것이겠지요. 그러자면 자신의 능력에 맞는 레벨을 선택하여 응시하여야 하는데, 현재의 자신의 능력은 어느 정도인가를 알기는 쉽지 않습니다. 그래서 스스로 생각하는 레벨에 대한 모의고사를 보고 그 점수를 체크함으로써 대략적인 자신의 실력을 알 수가 있을 것입니다.

　다음으로는 모의고사에 응시해 본 결과 자신의 약한 부분, 소위 약점을 알게 될 것입니다. 그 약점을 알게 됨으로써 앞으로 공부할 방향이 설정되고 약점 부분을 강화하는 학습으로 보완해 갈 수가 있을 것입니다. 특히 한 과목이라도 과락 점수를 받으면 다른 과목의 점수가 좋아도 불합격된다는 점은 매우 중요하므로 어느 부분이 약한지 체크해야 할 필요가 있습니다.

　그리고는 모의고사를 통해 실전적인 연습을 하게 됨으로써 본 시험에 대한 두려움을 극복하고 과목 별 응시 요령을 익히게 되어 자신의 실력을 유감없이 발휘하게 될 것입니다.

　이러한 이유로 〈모의고사〉의 중요성이 인식된다면 이 책을 이용하여 학습하시는 여러분께서는 더욱 큰 자신감을 가지게 될 것으로 믿습니다.

　이 〈필승합격 일본어능력시험 모의고사 시리즈〉는 N1에서 N5까지 모든 레벨에 대해 각각 독립된 책자로 발행되었습니다.

　이 책은 일본의 유수한 일본어 교재 출판사인 아스크출판사가 기획·편집한 것입니다. 일본어능력시험은 과거 문제를 공개하지 않기 때문에 실제 문제를 알 수는 없습니다. 그러한만큼 실제 문제의 난이도나 형식에 유사한 문제를 접하는 것은 매우 중요하기 때문에 이 출판사의 외국인 직원들이 실제 시험에 응시하여 문제의 출제 경향을 연구, 분석하였으며 일본어 교육 전문가들에게 모의고사 문제의 출제를 의뢰하여 만들어진 것입니다.

　처음으로 일본어능력시험을 치르는 분도 3회분의 문제를 풀어봄으로써 만전의 태세로 본 시험에 임할 수 있을 것입니다. 이 책 모의고사를 접하신 여러분이 일본어능력시험 N2에 합격하여 자신의 꿈을 향한 큰 걸음을 내딛기를 기원합니다.

2021년 2월
(주)해외교육사업단

목차

이 책의 사용법

구성

모의고사 문제가 3회분 수록되어 있습니다. 시간을 체크하면서 집중하여 임해주십시오. 종료 후에는 채점하여 몰랐던 부분, 틀린 부분에 대해서는 그대로 두지 말고 해설까지 착실히 읽고 이해하시기 바랍니다.

대책 일본어능력시험에는 어떠한 문제가 나오는지, 어떻게 공부하면 좋은지 확인하십시오.

해답·해설 정답과 오답을 판정하는 것만이 아니라 왜 틀렸는지 확인하십시오.
※해설은 유사표현을 많이 알 수 있도록 알기 쉬운 일본어와 한국어를 병용하였습니다.

 정답 이외의 선택지에 대한 해설.

 · 기하자! 문제에 나온 어휘·표현 및 관련되는 어휘·표현.

문제 (별책) 본책에서 분리하여 마지막 페이지에 있는 해답용지를 잘라내어 사용합니다. 해답용지는 사이트에서 다운로드 할 수도 있습니다.

스케줄

JLPT공부 시작 시점:제1회 문제를 풀어 보고 시험 형식과 자신의 실력을 체크하십시오.

↓

취약한 분야를 트레이닝
·**문자·어휘·문법:**모의고사 해설에서 다루어지는 단어·표현을 노트에 옮겨 적어 외우십시오.
·**독해:**매일 하나씩 일본어로 된 문장을 읽어주십시오.
·**청해:**모의고사 문제를 스크립트를 보면서 들어주십시오.

↓

제2회, 제3회 문제를 풀어 보고 일본어능력이 늘었는지 확인하십시오

↓

시험직전:다시 한 번 이 책의 모의고사 문제를 풀어 최종 확인하십시오.

청해 음성 파일 및 해답을 입력하면 자동으로 채점이 되는 Excel 시트는
아래 사이트에서 다운로드가 가능합니다.
➔ **https://www.hedgroup.co.kr/09_jlpt.php**

일본어능력시험 (JLPT) 레벨 인정기준

JLPT 레벨 인정기준

시험은 N1, N2, N3, N4, N5로 나뉘어져 있으므로 수험자가 자신에게 맞는 레벨을 선택합니다. 각 레벨에 따라 N1~N2는 언어지식(문자·어휘·문법)·독해, 청해의 두 섹션으로, N3~N5는 언어지식(문자·어휘), 언어지식(문법)·독해, 청해의 세 섹션으로 나뉘어져 있습니다.

시험의 각 레벨 인정기준은 다음과 같으며 인정기준을 [읽기], [듣기]의 언어 행동으로 설명하므로 참고해 주십시오.

각 레벨에는 이들 언어 행동을 실현하기 위한 언어지식이 필요합니다.

[일본어능력시험] 인정기준

레벨	인정기준
N1	**폭넓은 장면에서 사용되는 일본어를 이해할 수 있다.** [읽기]·폭넓은 화제에 대해 쓰인 신문 논설, 평론 등, 논리적으로 다소 복잡한 문장과 추상도 높은 문장 등을 읽고 문장 구성과 내용을 이해할 수 있다. ·다양한 화제 내용에 깊이 있는 글을 읽고 이야기 흐름과 상세한 의도를 이해할 수 있다. [듣기]·폭넓은 장면에서 자연스러운 속도의 체계적 내용의 회화, 뉴스, 강의를 듣고 이야기 흐름과 등장인물의 관계, 내용의 논리구성 등을 상세하게 이해하고 요지를 파악할 수 있다.
N2	**일상적인 장면에서 사용되는 일본어 이해와 더불어 보다 폭넓은 장면에서 사용되는 일본어를 어느 정도 이해할 수 있다.** [읽기]·폭넓은 화제에 대해 쓰인 신문이나 잡지 기사/해설, 평이한 평론 등 논지가 명쾌한 문장을 읽고 문장 내용을 이해할 수 있다. ·일반적인 화제에 관한 글을 읽고 이야기 흐름과 표현 의도를 이해할 수 있다. [듣기]·일상적인 장면과 더불어 폭넓은 장면에서 자연스러운 속도의 체계적 내용의 회화, 뉴스를 듣고 이야기 흐름과 등장인물의 관계를 이해하고 요지를 파악할 수 있다.
N3	**일상적인 장면에서 사용되는 일본어를 어느 정도 이해할 수 있다.** [읽기]·일상적인 화제에 대해 쓰인 구체적인 내용의 문장을 읽고 이해할 수 있다. ·신문 기사 제목 등을 통해 정보의 개요를 파악할 수 있다. ·일상적인 장면에서 접하는 범위의 난이도가 다소 높은 문장은 유의 표현이 제시되면 요지를 이해할 수 있다. [듣기]·일상적인 장면에서 다소 자연스러운 속도에 가까운 체계적 내용의 회화를 듣고 이야기의 구체적인 내용을 등장인물의 관계 등과 더불어 거의 이해할 수 있다.
N4	**기본적인 일본어를 이해할 수 있다.** [읽기]·기본적인 어휘나 한자로 쓰인 일상생활 속에서도 가까운 화제에 대한 글을 읽고 이해할 수 있다. [듣기]·일상적인 장면에서 조금 느린 속도의 회화라면 내용을 거의 이해할 수 있다.
N5	**기본적인 일본어를 어느 정도 이해할 수 있다.** [읽기]·히라가나, 가타카나, 일상생활에서 사용되는 기본적인 한자로 쓰인 정형적 어구, 문장, 글을 읽고 이해할 수 있다. [듣기]·교실이나 주변 등 일상생활 속에서도 자주 접하는 장면에서 느리고 짧은 회화로부터 필요한 정보를 얻어낼 수 있다.

(JLPT 홈페이지에서 인용)

일본어능력시험 (JLPT) 대문제 구성과 문제수

JLPT 대문제 구성과 문제수

각 레벨에서 출제되는 문제 구성과 문제 수는 다음과 같습니다.

각 문제 형식과 내용에 관해서는 이 책의 모의고사 문제를 참조하십시오.

시험과목		대문제	N1	N2	N3	N4	N5
언어지식·독해	문자·어휘	한자읽기	6문제	5문제	8문제	9문제	12문제
		표기	-	5문제	6문제	6문제	8문제
		단어형성	-	5문제	-	-	-
		문맥규정	7문제	7문제	11문제	10문제	10문제
		유의환언	6문제	5문제	5문제	5문제	5문제
		용법	6문제	5문제	5문제	5문제	-
	문제 수 합계		**25문제**	**32문제**	**35문제**	**35문제**	**35문제**
	문법	문장의 문법 1 (문법형식 판단)	10문제	12문제	13문제	15문제	16문제
		문장의 문법 2 (문법형식 판단)	5문제	5문제	5문제	5문제	5문제
		글의 문법	5문제	5문제	5문제	5문제	5문제
	문제 수 합계		**20문제**	**22문제**	**23문제**	**25문제**	**26문제**
	독해	내용이해 (단문)	4문제	5문제	4문제	4문제	3문제
		내용이해 (중문)	9문제	9문제	6문제	4문제	2문제
		내용이해 (장문)	4문제	-	4문제	-	-
		통합이해	3문제	2문제	-	-	-
		주장이해 (장문)	4문제	3문제	-	-	-
		정보검색	2문제	2문제	2문제	2문제	1문제
	문제 수 합계		**26문제**	**21문제**	**16문제**	**10문제**	**6문제**
청해		과제이해	6문제	5문제	6문제	8문제	7문제
		포인트이해	7문제	6문제	6문제	7문제	6문제
		개요이해	6문제	5문제	3문제	-	-
		발화표현	-	-	4문제	5문제	5문제
		즉시응답	14문제	12문제	9문제	8문제	6문제
		통합이해	4문제	4문제	-	-	-
	문제 수 합계		**37문제**	**32문제**	**28문제**	**28문제**	**24문제**

※문제 수는 매회 시험에서 출제되는 대략적인 기준이며, 실제 시험에서의 출제 수는 다소 달라 질 수 있습니다. 또한 문제 수는 변경되는 경우가 있습니다.

※ '독해' 에서는 하나의 문장 (본문) 에 대해 복수의 문제가 출제되는 경우도 있습니다.

※매회 시험의 난이도를 관리하고, 새로운 유형의 문제를 평가하기 위해 득점에 가산되지 않는 문제를 포함할 수 있습니다.

(JLPT 홈페이지에서 인용)

일본어능력시험 (JLPT) 결과 표시 및 합격점

JLPT 결과 표시

레벨	득점 구분	최고 득점
N1	언어지식(문자·어휘·문법)	60
	독해	60
	청해	60
	종합득점	180
N2	언어지식(문자·어휘·문법)	60
	독해	60
	청해	60
	종합득점	180
N3	언어지식(문자·어휘·문법)	60
	독해	60
	청해	60
	종합득점	180
N4	언어지식(문자·어휘·문법)·독해	120
	청해	60
	종합득점	180
N5	언어지식(문자·어휘·문법)·독해	120
	청해	60
	종합득점	180

N1, N2, N3의 득점 구분은 '언어지식(문자·어휘·문법)', '독해', '청해'의 3 구분입니다.
N4, N5의 득점 구분은 '언어지식(문자·어휘·문법)·독해'와 '청해'의 2 구분입니다.

JLPT 합격점 및 기준점

레벨	합격점	기준점		
		언어지식	독해	청해
N1	100점	19점	19점	19점
N2	90점	19점	19점	19점
N3	95점	19점	19점	19점
N4	90점	38점		19점
N5	80점	38점		19점

종합 득점과 각 과목별 득점의 두가지 기준에 따라 합격여부를 판정합니다. 즉, 종합 득점이 합격에 필요한 점수(합격점) 이상이며, 각 과목별 득점이 과목별로 부여된 합격에 필요한 최저점(기준점) 이상일 경우 합격입니다.

(JLPT 홈페이지에서 인용)

언어지식 (문자 · 어휘 · 문법) · 독해

문제1 한자읽기 5문제

한자로 쓰여진 단어 읽는 법을 답한다.

問題1 ＿＿＿＿の言葉の読み方として最もよいものを、1・2・3・4から一つ選びなさい。

例1　この黒いかばんは山田さんのです。
　　1　あかい　　　　　2　くろい　　　　　3　しろい　　　　　4　あおい

例2　何時に学校へ行きますか。
　　1　がこう　　　　　2　がこ　　　　　3　がっこう　　　　　4　がっこ

정답 : 2, 3

POINT

예1과 같이 읽기는 완전히 다르지만 같은 장르의 단어가 선택지에 나열되는 경우와 예2와 같이 「っ」와 「゛」, 장음 유무가 해답의 결정적 기준이 되는 경우가 있습니다. 예1의 패턴에서는 문제문의 문맥에서 그 곳에 들어갈 단어의 의미를 추측할 수 있는 경우가 있습니다. 문제문은 전부 읽으십시오.

공부법

예2의 패턴에서는 발음이 부정확하면 정답을 고를 수 없습니다. 한자를 공부할 때는 음과 히라가나를 연결하여 소리를 내어 확인하면서 외웁시다. 일견 우회하는 것 같지만 이것을 해 놓으면 청해능력도 늘어납니다.

히라가나로 쓰여진 단어를 한자로 어떻게 쓰는지 답한다.

問題2 _____の言葉を漢字で書くとき、最もよいものを、1・2・3・4から一つ選びなさい。

例 らいしゅう、日本へ行きます。
　　1　先週　　　　　　　2　来週　　　　　　3　先月　　　　　　4　来月

정답：2

POINT

한자 문제는 오래 생각한다고 답을 알게 되는 것은 아닙니다. 시간을 너무 들이지 말고 후반부에 사용할 시간을 남깁시다.

공부법

한자를 사용한 단어의 의미와 음과 표기를 외우는 것만이 아니라 아래 두 가지를 하면 좋습니다.
① 　같은 한자를 사용한 단어를 모아 한자 각 글자의 의미를 체크한다.
② 　한자를 파트로 분류하여 그룹화 해 둔다.

파생어와 복합어(두 가지 단어가 연결되어 하나의 단어가 된 것)의 지식을 묻는다.

問題 （　　　）に入れるのに最もよいものを、1・2・3・4から一つ選びなさい。

例　チケットを買うときは、チケットの代金と別に手数（　　　）がかかります。
　　1 費　　　　　　　2 代　　　　　　　3 賃　　　　　　　4 料

정답 : 4

POINT

단어 앞이나 뒤에 한자 1자 정도가 붙는 단어(파생어, 복합어)에 대해 뒤에 붙는 부분을 묻습니다.
·앞에 한자가 붙는다 : 未使用、準決勝、真後ろ　등
·뒤에 한자가 붙는다 : 成功率、アルファベット順、招待状　등
·그 외 : 1日おき、家族連れ　등

공부법

의미가 비슷한 선택지가 나열되므로 의미만으로는 선택하기 어렵습니다. 공부할 때는 한자 공부와 마찬가지로 같은 파트를 가진 단어를 모아 의미를 체크하고 연결한 후의 형태로 암기합시다.
예를들면 예제에서는 「～費」「～代」「～賃」는 오답이지만 모두 의미가 비슷합니다. 「～料＝金銭」라고 암기하는 것이 아니라 「手数料、使用料、授業料、入場料」로 정리하여 암기하도록 합시다.

문제4 문맥규정 7문제

(   )에 들어갈 가장 좋은 단어를 고른다.

問題4 （   ）に入れるのに最もよいものを、1・2・3・4から一つ選びなさい。

例　私は（   ）昼ご飯を食べていません。
　　　1　すぐ　　　　　　　　2　もっと　　　　　　3　もう　　　　　　　4　まだ

정답 : 4

POINT

①한자어, ②가타카나어, ③동사 · 형용사 · 부사의 문제가 나옵니다.

공부법

①한자어: 공부법은 문제1, 2와 같습니다.
②가타카나어: 가타카나어는 대부분이 영어에서 유래하고 있습니다. 가타카나어는 한국어로 번역만이 아니라 영어와 연결시키면 기억하기 쉬울 것입니다. 단어 끝의 "s"는 「ス」(예 : bus→バス) 등, 영어를 가타카나로 만들 때의 변화를 자기 나름대로 규칙화를 해 두면 처음 보는 단어도 유추할 수 있게 됩니다.
③동사 · 형용사 · 부사: 그 단어만이 아니라 자주 함께 사용되는 단어와 세트로하여 예문으로 외웁시다.

_____의 단어나 표현과 의미가 가장 가까운 말이나 표현을 고른다.

問題5 _____の言葉に意味が最も近いものを、1・2・3・4から一つ選びなさい。

例 作文を書いたので、<u>チェック</u>していただけませんか。

　　1　勉強　　　　　　　2　提出　　　　　　3　確認　　　　　　4　準備

정답 : 3

POINT

어느 선택지를 골라도 올바른 문장이 되는 경우가 많습니다. 의미를 확실히 확인하십시오.

공부법

자주 함께 사용되는 단어와 세트로 하여 단어의 의미를 외우면 좋습니다. N2레벨에서 기억해야 할 어휘가 아주 많으므로 매일 일정한 단어수를 정하여 차근차근 공부하도록 합시다.

문제의 단어를 사용한 문장에서 가장 좋은 문장을 고른다.

問題5　次の言葉の使い方として最もよいものを、1・2・3・4から一つ選びなさい。

例　楽

1　彼は今度の旅行をとても<u>楽</u>にしている。
2　時間がないから、何か<u>楽</u>に食べましょう。
3　給料が上がって、生活が<u>楽</u>になった。
4　みんながわかるように、もう少し<u>楽</u>に説明してください。

정답 : 3

공부법

단어의 의미를 아는 것만으로는 답할 수 없는 문제도 있습니다. 어휘를 외울 때는 언제 어디에 사용되는지, 어느 조사와 함께 사용되는지, 명사의 경우는 「する」가 붙어서 동사로 되는지 등에도 주의하여 외웁시다.

문제7 문장의 문법1 (문법형식의 판단) 12문제

문장 속의 (   )에 들어가는 것으로 가장 좋은 단어를 고른다.

問題7　次の文の（　　　　）に入れるのに最もよいものを、1・2・3・4から一つ選びなさい。

例　先生の（　　　　）、日本語能力試験に合格しました。
1　おかげで　　　　　2　せいで　　　　　3　ために　　　　　4　からで

정답 : 1

POINT

문법 문제와 독해 문제는 시간이 나뉘어져 있지 않습니다. 독해 문제에 시간을 쓸 수 있도록 문법 문제는 빨리 푸십시오. 모르겠다면 적당히 마크하고 다음 문제를 푸는 것이 좋습니다.

공부법

문법 항목별로 자신의 마음에 드는 예문을 하나 외워두십시오. 그 문법이 사용되는 상황의 이미지를 갖는 것이 중요합니다.

문제8 문장의 문법2 (문장 만들기) 5문제

문장에 있는 4개의 _____에 단어를 넣어 ★ 에 들어갈 선택지를 고른다.

問題8 つぎの文の ★ に入る最もよいものを、1・2・3・4から一つえらびなさい。

（問題例）

木の _____ _____ _★_ _____ います。

1 が 2 に 3 上 4 ねこ

정답 : 4

POINT

_____만 보는 것이 아니라 문장 전체를 읽고 이야기의 흐름을 이해한 후 답합니다. 뉴스 기사와 같은 내용도 출제됩니다. 대부분은 세번째 빈칸이 _★_ 이지만 다른 경우도 있으므로 주의하십시오.

공부법

문형의 앞뒤에 어떤 품사의 단어가 오고 어떤 형태로 접속하는지에 주의하여 어순을 외워두십시오. 게다가 _____의 앞뒤와 잘 연결되는지가 힌트가 되므로 조금 긴 문장을 읽을 때에는 문장의 구조를 도식화하는 등 문장의 구조에 익숙하도록 하십시오.

문장의 흐름에 맞는 표현을 선택지에서 고른다.

次の文章を読んで、文章全体の内容を考えて、 例1 から 例4 の中に入る最もよいものを、1・2・3・4から一つ選びなさい。

「最近の若者は、夢がない」とよく言われる。わたしはそれに対して言いたい。 例1 、しょうがないじゃないか。子供のころから不景気で、大学に入ったら、就職率が過去最低を記録している。そんな先輩たちの背中を見ているのだ。どうやって夢を持って 例2 。しかし、このような状況は、逆に 例3 だとも考えられる。

自分をしっかりと見つめなおし、自分のコアを見つけるのだ。そしてそれを成長への飛躍とするのだ。今のわたしは高く飛び上がるために、一度 例4 状態だと思って、明日を信じてがんばりたい。

例1) 1 したがって　　　2 だって　　　　　3 しかも　　　　4 むしろ
例2) 1 生きていけというのだ　　　　　　2 生きていかなければならない
　　　3 生きていってもいいのか　　　　　4 生きていくべきだろう
例3) 1 ヒント　　　　　2 アピール　　　3 ピンチ　　　　4 チャンス
例4) 1 飛んでいる　　　　　　　　　　　2 もぐっている
　　　3 しゃがんでいる　　　　　　　　　4 死んでいる

정답 : 2, 1, 4, 3

POINT

아래 3종류의 문제가 자주 출제됩니다.

①접속사 : 아래와 같은 접속사를 넣습니다. 빈칸의 앞뒤 문장을 읽고 연결을 생각합니다.

　·순접 : すると、そこで、したがって
　·역접 : しかし、だが、ところが、それでも、とはいえ、むしろ
　·병렬 : また
　·부가 : そのうえ、それに、しかも、それどころか
　·대비 : 一方 (で)
　·선택 : または、あるいは
　·설명 : なぜなら
　·보충 : ただ、ただし、実は
　·환언 : つまり、要するに
　·예시 : たとえば
　·전환 : ところで
　·확인 : もちろん
　·수렴 : こうして

②문맥지시 : 「そんな~」「あの~」와 같은 표현이 선택지가 됩니다. 지시사의 대상은 한 문장 앞에 있는 경우가 많습니다. 하지만 「先日、こんなことがありました。~」와 같이 뒤에 이어지는 구체적인 예를 가리키는 단어가 선택지가 되는 경우도 있습니다. 답을 골랐다면 지시사의 위치에 정답이라고 생각하는 단어나 표현을 넣어보고 부자연스럽지 않은지 확인합니다.

③문중표현·문말표현 : 문장의 흐름 속에서 문중이나 문말에 어떤 표현이 들어가는지를 묻습니다. 앞뒤 문장의 의미 내용을 이해하고 덧붙여진 문법 항목이 어떤 의미를 더할 수 있을지 생각합니다.

공부법

①접속사 : 위에 제시한 분류를 외워둡시다.

②문맥지시 : 「こ」「そ」「あ」가 일본어 문장 속에서 어떻게 사용되고 있는지 한국어와의 차이를 명확히 해 두십시오.

③문중표현·문말표현 : 평소에 문법 항목은 예문과 함께 외워두면 도움이 됩니다. 또한 문장을 읽을 때는 흐름을 의식하도록 합시다.

문제10　내용이해 (단문)　1문제×5

200자 정도의 문장을 읽고 내용에 관련된 선택지를 고른다.

POINT

질문의 패턴은 여러가지 있지만 대부분은 필자가 가장 말하고 싶은 내용이 문제로 되어 있습니다. 소거법으로 답을 고르는 것이 아니라 발화의도를 확실히 파악해 선택하십시오.

〈자주 있는 질문〉
· 필자의 생각에 맞는 것은 어느 것인가?
· 이 이메일을 작성한 첫 번째 목적은 무엇인가?
· ●●에 대하여 필자는 어떻게 말하고 있는가?

문제11　내용이해 (중문) 3문제×3

500자 정도의 문장을 읽고 내용에 관련된 선택지를 고른다.

POINT

「＿＿＿＿とあるが、どのような○○か。」「＿＿＿＿とあるが、なぜか。」와 같은 질문에서 키워드나 인과관계를 이해하고 있는지를 묻는 문제가 출제됩니다. 밑줄 부분의 의미를 묻는 질문이 나오면 같은 의미를 나타내는 환언의 표현이나 문장 속에 몇 번이고 나오는 키워드를 찾습니다. 밑줄 부분의 앞뒤에 힌트가 있는 경우가 많습니다.

문제12　통합이해 2문제×1

300자 정도의 2개의 문장을 읽고 비교하고 내용에 관련된 선택지를 고른다.

POINT

「～について、AとBはどのように述べているか。」「～について、AとBで共通して述べられていることは何か。」와 같은 질문에서 비교·통합하면서 이해하고 있는지 묻는 문제가 출제됩니다. 전자의 경우 선택지는 「AもBも～」와 「Aは～と述べ、Bは～と述べている」의 형태가 됩니다.

문제 13 내용이해 (장문) 3문제×1

900자 정도의 문장을 읽고 내용에 관련된 선택지를 고른다.

POINT

「＿＿＿とあるが、どのようなものか」「○○について、筆者はどのように考えているか」「この文章で筆者が最も言いたいことは何か」와 같은 질문에서 전체적으로 전달하고자 하는 주장과 의견을 묻는 질문이 출제됩니다.
필자의 생각을 묻는 문제에서는 주장과 의견을 나타내는 표현 (～べきだ、～のではないか、～なければならない、など) 에 주목하십시오.

공부법

문제 11 ～ 13에서는 우선 전체를 대충 읽는 탑 다운의 읽기 방법으로 큰 의미를 파악하고 다음으로 문제문을 읽고 밑줄 부분의 앞뒤 등 해답으로 이어질 것 같은 부분을 차분히 보는 바텀 업의 읽기 방법을 실행하면 좋습니다. 평소 독해 훈련도 먼저 대충 읽고 큰 의미를 파악한 후 천천히 읽어 나가는 두 가지 읽기 방법을 병용하시기 바랍니다.

문제 14 정보검색 2문제×1

700자 정도의 광고, 팸플렛 등에서 필요한 정보를 찾아 내어 답한다.

POINT

어떤 정보를 얻기 위해서 전단지 등을 읽게 되는 일상의 독해 활동에 가까운 형태의 문제입니다. 처음으로 문제문을 읽고 필요한 정보만을 찾기 위해 읽으면 효율이 좋습니다. 많은 문제에는 조건이 나타나 있고 그것에 맞는 상품이나 코스 등을 선택하는 것입니다. 또한 「参加したい／利用したいと考えている人がしなければならないことはどれか。」라는 문제도 있습니다. 이런 경우는 선택지 하나하나에 대하여 맞는지 본문과 대조하십시오.

공부법

광고나 팸플렛의 정보로 자주 나오는 것은 이해하여 두십시오.
(예) 시간 : 営業日、最終、～内、開始、終了
　　　　장소 : 集合、お届け、訪問
　　　　요금 : 会費、～料、割引、無料、追加
　　　　신청 : 締め切り、要⇔不要、最終、募集人数、定員、応暮、手続き등

청해

POINT

청해 시험은 시간도 배점도 전체의 3분의 1을 차지하고 비중이 높은 과목입니다. 집중하여 임하도록 합시다. 쉬는 시간에는 착실히 휴식하십시오.

시험 중에는 일단 문제용지에 메모하여 나중에 해답용지에 옮겨 적을 시간이 없으므로 문제를 들었다면 즉시 마크시트에 해답을 기입하십시오.

공부법

청해는 독해처럼 차분히 정보에 대하여 생각할 여유가 없습니다. 모르는 어휘가 있어도 순식간에 내용이나 발화의도를 파악할 수 있도록 많이 훈련하여 익숙해지십시오. 그렇지만 맹목적으로 듣기만 해서는 청해 능력은 늘지 않습니다. 말하는 사람의 목적을 파악한 후에 듣도록 하십시오. 또한 청해 능력을 도와주는 어휘·문법의 기초력과 정보처리 속도를 늘려주기 위해 어휘도 음성으로 들어 이해할 수 있도록 하십시오.

청해 TIP

일본어능력시험에 대비하여 청해 공부를 하는 사람들은 어떻게 공부해야 빨리 일본어를 잘 듣고 좋은 점수를 받을 수 있는가 하는 질문을 가집니다.

이에 대한 정답은 없습니다. 각자의 일본어 학습 동기와 목적 등에서 독학하는 사람, 학원에 다니는 사람, 학교에서 수업하는 사람 등 매우 다양한 학습 방법에 따라 다르다고 할 수 있습니다.

다만, 여기에서 한 가지 효과적인 방법론에 대해 안내 드립니다.

청해는 기본적으로 음성이 들려서 단어의 뜻이 이해되지 않으면 해석이 불가합니다. 단어를 알게 되면 이 책에서 제시하는 청해 방법에 따라 문제를 푸는 요령을 터득하면 됩니다.

그런데, 단어를 마냥 하나씩 외우기 보다는 그 단어가 들어가는 문장의 음성을 함께 들으면서 외우는 것이 무엇 보다 효율적인 방법이라 할 수 있습니다. 그런 의미에서 본사에서 발행한 <필승합격 일본어능력시험 단어장 시리즈>를 추천합니다.

이 단어장 시리즈는 각 단어와 그 단어가 들어 가는 문장을 자연스럽고 듣기 편한 속도로 녹음하였으므로 음성으로 들으면서 공부할 수 있습니다. 일본어 레벨에 따라 N1에서 N5까지 다섯 권으로 구성하였고 총 10,000개 단어가 수록되어 있습니다.

단어가 사용되는 예문은 주제 및 상황에 맞게 구성되어 실생활과 JLPT 시험에 자주 나오는 문장으로 제시되고 있습니다. 많은 이용을 바랍니다.

두 사람의 대화를 듣고 어떤 과제를 해결하는데 필요한 정보를 알아듣는다.

問題1では、まず質問を聞いてください。それから話を聞いて、問題用紙の1から4の中から、最もよいものを一つ選んでください。

상황설명과 질문을 듣는다

▼

회화를 듣는다

▼

다시 한번 질문을 듣는다

▼

선택지 또는 일러스트에서 답을 고른다

🔊 病院の受付で、男の人と女の人が話しています。男の人はこのあとまず何をしますか。

🔊 M：すみません、予約していないんですが、いいですか。
F：大丈夫ですよ。こちらは初めてですか。初めての方は、まず診察券を作成していただくことになります。
M：診察券なら、持っています。
F：それでは、こちらの書類に症状などをご記入のうえ、保険証を一緒に出してください。そのあと体温を測ってください。
M：わかりました。ありがとうございます。

🔊 男の人はこのあとまず何をしますか。

1　よやくをする
2　しんさつけんをさくせいする
3　しょるいに記入する
4　体温を測る

정답：3

POINT

질문을 확실히 듣고, 들어야만하는 포인트를 좁혀 들으십시오. 질문은 「(これからまず) 何をしなければなりませんか。」 라는 것이 대부분입니다. 「○○しましょうか。」 「それはもうやったからいいや。」 등으로 이야기가 오락가락하는 경우도 많으므로 주의하십시오.

문제2　포인트 이해　6문제

두 사람 또는 한 사람의 이야기를 듣고 이야기의 포인트를 알아듣는다.

問題2では、まず質問を聞いてください。そのあと、問題用紙を見てください。読む時間があります。それから話を聞いて、問題用紙の1から4の中から、最もよいものを一つ選んでください。

상황설명과 질문을 듣는다

▼

선택지를 읽는다

▼

이야기를 듣는다

▼

다시 한번 질문을 듣는다

▼

선택지에서 정답을 고른다

 テレビ番組で、女の司会者と男の俳優が話しています。男の俳優は、芝居のどんなところが一番大変だと言っていますか。

(約20秒)

 F：富田さん、今回の舞台劇『六人の物語』は、すごく評判がよくて、ネット上でも話題になっていますね。
M：ありがとうございます。空いている時間は全部練習に使ったんですよ。でも、間違えないでセリフを話せたとしても、キャラクターの性格を出せないとお芝居とは言えないので、そこが一番大変でしたね。

 男の俳優は、芝居のどんなところが一番大変だと言っていますか。

1　体力がたくさんひつようなところ
2　セリフをたくさんおぼえないといけないところ
3　れんしゅうをたくさんしないといけないところ
4　キャラクターのせいかくをだすところ

정답 : 4

POINT

질문문을 들은 후에 선택지를 읽을 시간이 있습니다. 질문과 선택지에서 내용을 예상하고 포인트를 좁혀서 들으십시오. 묻는 것은 원인·이유나 문제점, 목적, 방법 등이며 일상의 청해 활동에 가깝습니다.

두 사람 또는 한 사람의 이야기를 듣고 이야기의 주제, 화자가 말하고 싶은 것 등을 알아듣는다.

問題3では、問題用紙に何もいんさつされていません。この問題は、全体としてどんな内容かを聞く問題です。話の前に質問はありません。まず話を聞いてください。それから、質問とせんたくしを聞いて、1から4の中から、最もよいものを一つ選んでください。

상황설명을 듣는다

▼

이야기를
듣는다

▼

질문을
듣는다

▼

선택지를
듣는다

▼

답을 고른다

🔊 日本語学校で先生が話しています。

🔊 F：みなさん、カレーが食べたくなったら、レストランで食べますか、自分で作りますか。カレーはとても簡単にできます。じゃがいも、にんじん、玉ねぎなど、自分や家族の好きな野菜を食べやすい大きさに切って、ルウと一緒に煮込んだらすぐできあがります。できあがったばかりの熱々のカレーももちろんおいしいのですが、実は、冷蔵庫で一晩冷やしてからのほうがもっとおいしくなりますよ。それは、冷めるときに味が食材の奥まで入っていくからです。自分で作ったときは、ぜひ試してみてください。

🔊 先生が一番言いたいことは何ですか。

🔊　1　カレーを作る方法
　　2　カレーをおいしく食べる方法
　　3　カレーを作るときに必要な野菜
　　4　カレーのおいしいレストラン

정답 : 2

POINT

화제가 되는 것은 무엇인지, 가장 말하고 싶은 것은 무엇인지 등을 묻는 문제입니다. 세부적인 것에 구애받지 않고 전체 내용을 듣도록 하십시오. 특히 「つまり」「このように」「そこで」 등 요지나 본제를 말하는 표현이나 「～と思います」「～べきです」 등 화자의 주장이나 의견을 말하는 부분에 주의하십시오.

질문, 의뢰 등의 짧은 발화를 듣고 적절한 답을 고른다.

問題4では、問題用紙に何もいんさつされていません。まず文を聞いてください。それから、それに対する返事を聞いて、1から3の中から、最もよいものを一つえらんでください。

┌─────────────────────┐
│ 질문 등의 짧은 발화를 듣는다 │
└─────────────────────┘
　　　　　　▼
┌─────────────────────┐
│ 선택지를 │
│ 듣는다 │
└─────────────────────┘
　　　　　　▼
┌─────────────────────┐
│ 답을 │
│ 고른다 │
└─────────────────────┘

◀)) F : あれ、まだいたの？　とっくに帰ったかと思った。

◀)) M : 1　うん、思ったより時間がかかって。
　　　　2　うん、予定より早く終わって。
　　　　3　うん、帰ったほうがいいと思って。

정답 : 1

공부법

문제4에는 일상 생활에서 자주 사용되는 인사나 표현이 많이 나옵니다. 평소에 주의하여 외워두십시오. 문형에 대해서도 읽고 아는 것만이 아니라 귀로 듣고 알 수 있도록 공부합시다.

복수의 정보를 비교하면서 내용을 알아듣는다.

問題5では、長めの話を聞きます。この問題に練習はありません。
問題用紙にメモをとってもかまいません。
1番、2番　問題用紙に何もいんさつされていません。まず話を聞いてください。それから、質問とせんたくしを聞いて、1から4の中から、最もよいものを一つ選んでください。

| 상황설명을 듣는다 | 🔊 家族3人が、娘のアルバイトについて話しています。 |

▼

🔊 娘：ねえ、お母さん、わたし、アルバイト始めたいんだ。いいでしょう？

母：まだ大学に入ったばかりなんだから、勉強をしっかりやったほうがいいんじゃないの？

| 회화를 듣는다 |

娘：でも、友達はみんなやってるし、お金も必要だし…。お父さんだって、学生時代アルバイトやってたんでしょう？

父：そうだな…。じゃあ、アルバイトはしないで、お父さんの仕事を手伝うのはどうだ？　1時間1000円出すよ。

娘：えっ、本当に？　やるやる。

母：よかったわね。でも、大学の勉強も忘れないでよ。

▼

🔊 娘はなぜアルバイトをしないことにしましたか。

🔊

| 질문을 듣는다 |

1　大学の勉強が忙しいから　2　お金は必要ないから
3　母親に反対されたから　　4　父親の仕事を手伝うから

| 선택지를 듣는다 |

정답：4

| 정답을 고른다 |

POINT

1번과 2번에서는 질문과 선택지를 모른 채 1~2분 정도의 긴 회화를 들어야 합니다. 포인트가 될 만한 것을 메모하면서 들으십시오.

3番　まず話を聞いてください。それから、二つの質問を聞いて、それぞれ問題用紙の1から4の中から、最もよいものを一つ選んでください。

| 선택지를 읽는다 | 1　Aグループ　　　　2　Bグループ
3　Cグループ　　　　4　Dグループ |

| 상황설명을 듣는다 | 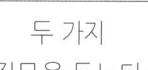 あるイベントの会場で、司会者がグループ分けの説明をしています。 |

| 한 사람의 이야기를 듣는다 | 司会者：今から性格によって4つのグループに分かれていただきたいと思います。まず、Aグループは「社交的なタイプ」の方。それから、Bは、「まじめで几帳面タイプ」の方、Cは、「マイペースタイプ」の方、Dは「一人でいるのが好きなタイプ」です。では、ABCDと書かれた場所に分かれてお入りください。 |

▼

 M：僕はよく研究者っぽいって言われるから、Dなのかなあ。
F：そう？　マイペースなだけなんじゃない？　それに、一人でいるとこなんて見たことないよ。
M：そう言われるとそうだな。じゃあ、あっちか。
F：私はどうしよう。
M：うーん、君はけっこう細かいんじゃない？　時間にもうるさいし。
F：そっか。じゃ、こっちにしよう。

| 두 사람의 회화를 듣는다 |

▼

| 두 가지 질문을 듣는다 | 質問1、男の人はどのグループですか。質問2、女の人はどのグループですか。 |

정답：3, 2

| 선택지에서 정답을 고른다 |

POINT

어떤 이야기에 관련된 설명을 들은 후에 그것에 대하여 두 사람이 이야기하는 회화를 듣습니다. 설명 부분은 문제 용지에 적힌 선택지의 주변에 메모하면서 들으십시오. 그 메모를 보면서 회화부분을 듣고 답을 고릅니다.

시간 기준

시험은 시간과의 전쟁입니다. 모의고사 문제를 풀 때에도 시간을 체크하면서 풀어봅시다.
아래는 대략적인 기준입니다.

언어지식 (문자·어휘·문법)·독해 105분			
문제	문제수	소요 시간 기준	1문제당 시간
문제 1	5문제	1분	10초
문제 2	5문제	2분	20초
문제 3	5문제	3분	35초
문제 4	7문제	4분	35초
문제 5	5문제	3분	35초
문제 6	5문제	5분	1분
문제 7	12문제	6분	30초
문제 8	5문제	6분	70초
문제 9	5문제	6분	70초
문제 10	단문 5개	13분	1문장 2분 30초
문제 11	중문 3개	21분	1문장 7분
문제 12	2문제	8분	—
문제 13	장문 1개	10분	—
문제 14	정보소재 1개	8분	—

청해   50분

청해는「나중에 다시 한 번 생각하자」라고 처리하지 마시고 음성을 들으면 바로 답을 판단하여
마크시트에 기입합시다.

제1회 해답 · 해설

필승합격 모의고사 해답용지

N2 言語知識（文字・語彙・文法）・読解

第1回

受験番号
Examinee Registration Number

名前
Name

問題 1

番号	1	2	3	4
1	①	●	③	④
2	①	②	●	●
3	①	②	③	●
4	●	②	③	④
5	①	②	●	④

問題 2

番号	1	2	3	4
6	①	②	●	④
7	①	②	●	④
8	①	②	③	●
9	①	②	③	●
10	①	②	③	●

問題 3

番号	1	2	3	4
11	①	②	●	④
12	①	●	③	④
13	①	②	●	④
14	●	②	③	④
15	①	②	●	④

問題 4

番号	1	2	3	4
16	①	②	●	④
17	①	●	③	④
18	①	●	③	④
19	●	②	③	④
20	①	●	③	④
21	●	②	③	④
22	●	②	③	④

問題 5

番号	1	2	3	4
23	●	②	③	④
24	①	●	③	④
25	①	②	③	●
26	①	●	③	④
27	●	②	③	④

問題 6

番号	1	2	3	4
28	①	●	③	④
29	①	●	③	④
30	①	②	③	●
31	①	②	●	④
32	●	②	③	④

問題 7

番号	1	2	3	4
33	①	●	③	④
34	①	②	③	●
35	①	●	③	④
36	①	●	③	④
37	①	●	③	④
38	①	●	③	④
39	①	②	③	●
40	①	②	●	④
41	①	②	●	④
42	①	②	●	④
43	①	②	●	④
44	①	②	●	④

問題 8

番号	1	2	3	4
45	①	②	③	●
46	①	●	③	④
47	①	②	③	●
48	①	●	③	④
49	①	②	●	④

問題 9

番号	1	2	3	4
50	①	●	③	④
51	①	●	③	④
52	①	②	③	●
53	①	②	●	④
54	①	②	③	●

問題 10

番号	1	2	3	4
55	①	②	③	●
56	①	●	③	④
57	①	●	③	④
58	●	②	③	④
59	●	②	③	④

問題 11

番号	1	2	3	4
60	①	②	③	●
61	●	②	③	④
62	①	②	③	●
63	●	②	③	④
64	●	②	③	④
65	①	②	●	④
66	●	②	③	④
67	①	②	③	●
68	①	②	③	●

問題 12

番号	1	2	3	4
69	●	②	③	④
70	①	②	③	●

問題 13

番号	1	2	3	4
71	●	②	③	④
72	①	②	●	④
73	●	②	③	④

問題 14

番号	1	2	3	4
74	●	②	③	④
75	①	②	③	④

필승합격 모의고사 해답용지

N2 聴解

第1回

受験番号
Examinee Registration Number

名前
Name

〈ちゅうい Notes〉

1. くろいえんぴつ (HB、No.2) でかいて ください。
   Use a black medium soft (HB or No.2) pencil.
   (ペンやボールペンではかかないでくだ さい。)
   (Do not use any kind of pen.)
2. かきなおすときは、けしゴムできれい にけしてください。
   Erase any unintended marks completely.
3. きたなくしたり、おったりしないでくだ さい。
   Do not soil or bend this sheet.
4. マークれい Marking Examples

よいれい Correct Example	わるいれい Incorrect Examples
●	⊗ ◯ ◍ ◑ ◐

問題1

	1	2	3	4
例	①	②	●	④
1	①	②	③	●
2	①	②	●	④
3	①	②	③	●
4	①	②	●	④
5	①	②	③	●

問題2

	1	2	3	4
例	①	②	●	④
1	①	②	●	④
2	●	②	③	④
3	①	②	③	●
4	①	●	③	④
5	①	②	●	④
6	①	②	③	●

問題3

	1	2	3	4
例	①	②	●	④
1	①	●	③	④
2	①	②	●	④
3	①	②	●	④
4	①	②	●	④
5	①	②	③	●

問題4

	1	2	3
例	●	②	③
1	①	②	●
2	①	②	●
3	●	②	③
4	●	②	③
5	●	②	③
6	①	●	③
7	①	●	③
8	●	②	③
9	①	②	●
10	①	②	●
11	①	②	●
12	●	②	③

問題5

		1	2	3	4
1		●	②	③	④
2		①	●	③	④
3	(1)	①	②	●	④
	(2)	●	②	③	④

제1회 채점표와 분석

		배점	정답수	점수
문자 · 어휘 · 문법	문제 1	1점×5문제	/ 5	/ 5
	문제 2	1점×5문제	/ 5	/ 5
	문제 3	1점×5문제	/ 5	/ 5
	문제 4	1점×7문제	/ 7	/ 7
	문제 5	1점×5문제	/ 5	/ 5
	문제 6	1점×5문제	/ 5	/ 5
	문제 7	1점×12문제	/12	/12
	문제 8	1점×5문제	/ 5	/ 5
	문제 9	1점×5문제	/ 5	/ 5
	합 계	54점		ⓐ /54

60점이 되도록 계산하여 봅시다. ⓐ ☐ 점÷54×60= Ⓐ ☐ 점

		배점	정답수	점수
독해	문제 10	3점×5문제	/ 5	/15
	문제 11	3점×9문제	/ 9	/27
	문제 12	3점×2문제	/ 2	/ 6
	문제 13	3점×3문제	/ 3	/ 9
	문제 14	3점×2문제	/ 2	/ 6
	합 계	63점		ⓑ /63

ⓑ ☐ 점÷63×60= Ⓑ ☐ 점

		배점	정답수	점수
청해	문제 1	2점×5문제	/ 5	/10
	문제 2	2점×6문제	/ 6	/12
	문제 3	2점×5문제	/ 5	/10
	문제 4	1점×12문제	/12	/12
	문제 5	3점×4문제	/ 4	/12
	합 계			ⓒ /56

ⓒ ☐ 점÷56×60= Ⓒ ☐ 점

Ⓐ Ⓑ Ⓒ 중에 48점 이하인 과목이 있다면 해설과 대책을 읽고 다시 한 번 도전합시다. (48점은 이 책의 기준입니다.)

※이 채점표의 득점은 아스크출판 편집부가 문제의 난이도를 판단하여 배점하였습니다.

언어지식 (문자 · 어휘 · 문법) · 독해

◆ 문자 · 어휘 · 문법

※해설은 유사표현을 많이 알 수 있도록 알기 쉬운 일본어와 한국어를 병용하였습니다.

問題 1

1 정답 : 2 ぶんみゃく
脈 ミャク
文脈 : 문맥
- 1 文章 : 문장
- 3 文字 : 문자
- 4 文句 : 문구

2 정답 : 3 ひがい
被 ヒ
害 ガイ
被害 : 피해
- 1 損害 : 손해

3 정답 : 3 ろんじる
論 ロン
論じる : 논하다 / 말하다
- 1 信じる : 믿다
- 2 感じる : 느끼다
- 4 演じる : 연주하다

4 정답 : 3 ぎみ
風邪気味 = 감기기운 (기침이나 콧물이 조금 나오는 상태)

5 정답 : 1 しょうじた
生じる : 생기다
- 3 生 : 생/날 것
- 4 生きる : 살다

問題 2

6 정답 : 2 制度
制 セイ
制度 : 제도

7 정답 : 3 毒
毒 ドク
毒 : 독
- 1 香り : 향/향기
- 2 枝 : 가지
- 4 液 : 액

8 정답 : 4 性格
性 セイ
格 カク
性格 : 성격
- 1 正確 : 정확

9 정답 : 1 納得
納 ノウ、ナッ/おさ・める
得 トク/え・る、う・る
納得する : 납득하다

10 정답 : 1 破れる
破 ハ/やぶ・れる、やぶ・る
破れる : 찢어지다
- 2 割れる : 갈라지다
- 3 壊れる : 부서지다/고장나다
- 4 折れる : 접히다/부러지다

問題 3

11 정답 : 4 率
成功率 : 성공률

12 정답 : 1 不
不可能 : 불가능

13 정답 : 2 者
容疑者 : 용의자

14 정답 : 2 準
準決勝 : 준결승

15 정답 : 3 大
大通り : 넓은 길/큰 거리

問題 4

16 정답 : 2 黒字
黒字 : 흑자 ⇔ 赤字 : 적자

17 정답 : 3 長年
長年＝長い間 오랫동안
🔊 4 永遠 : 영원
※「年月」「月日」에「長い」라는 뜻은 없다.

18 정답 : 4 いばって
いばる : 뽐내다/으스대다
1 したう : 그리워하다
2 受け持つ : 맡다
3 思いつく : 생각나다

19 정답 : 3 順調
順調に回復する : 순조롭게 회복하다
🔊 1 慎重 : 신중
2 順番 : 순번/순서
4 重要 : 중요

20 정답 : 4 手続き
手続き : 수속/절차
🔊 1 傷の手当てをする : 상처를 치료하다
2 庭の手入れをする : 정원 손질을 하다
3 手書きで : 수기로

21 정답 : 2 標識
標識 : 표식
🔊 1 横断 : 횡단
3 方面 : 방면
4 通行 : 통행

22 정답 : 2 さっぱり
さっぱりわからない＝전혀 모르다

問題 5

23 정답 : 2 想像以上に
思いのほか＝想像以上に 예상외로
🔊 1 予定外に : 예정외로
3 予想通り : 예상대로
4 思わず : 무심코

24 정답 : 1 全部で
延べ : 총계
🔊 2 平均して : 평균하여
少なくとも : 최소한/적어도
4 おそらく : 아마

25 정답 : 3 いつも
絶えず＝いつも 언제나

26 정답 : 1 考え方
見解＝考え方 견해

27 정답 : 2 ずっと前に
とっくに＝ずっと前に 이전에
🔊 1 さきほど : 좀 전에
3 ようやく : 마침내
4 いつのまにか : 어느덧

問題 6

28 정답 : 2 作業がすべて完了した。
完了する＝（作業などが）最後まで終わる

29 正答 ： 1 せっかく料理を作ったのに、だれも食べてくれなかった。
せっかく〜のに＝努力して・時間をかけて〜したのに、その結果・効果が出ない

30 正答 ： 4 台風が接近しているので、ドライブは中止しよう。
接近する：접근하다

31 正答 ： 2 ほめると彼のためにならないと思って、あえて注意したんだ。
あえて＝しなくてもいいことをわざわざ・無理にする 감히/굳이
🏷 1 全部今日中に終わらないなら、せめてこれだけでも片付けたい。
せめて：적어도
3 今はまだすることがないから、とりあえず掃除でもしていてください。
とりあえず：일단

32 正答 ： 2 彼は早口なので、もう少しゆっくりしゃべってもらいたい。
早口：말이 빠름
🏷 3 あの記者は辛口な評論で有名だ。
辛口な評論：따끔한 평론
4 こっちの道のほうが近道だよ。
近道：지름길

問題7

33 正答 ： 2 のもとで
〜のもとで＝〜の影響が及ぶ範囲で〜의 영향이 미치는 범위에서

34 正答 ： 4 ともかく
〜はともかく＝〜はどうかわからないが／〜はいいとはいえないが 〜은 어쨌든
🏷 3 まだしも：悪い評価を話すときに使う。

35 正答 ： 2 ことには
〜しないことには＝〜しなければ 〜하지 않고는

36 正答 ： 1 かぎり
〜しないかぎりは＝〜しない間は 〜하지 않는 한

37 正答 ：1 かと思うと
[動詞のた形]（か）と思うと＝〜してすぐに 〜인가 생각했더니

38 正答 ：2 考えられがちです
「考えられ」は「考える」の[受身形]。
〜しがち＝〜することが多い 〜하기 쉽다

39 正答 ： 1 お吸いになる
「お〜になる」は尊敬を表す表現

40 正答 ： 2 につれ
〜するにつれ＝〜するとだんだん
〜함에 따라

41 正答 ： 4 さえ
まだ立つことさえ＝まだ（動くことはもちろん）立つことも 아직 일어날 수 조차
※極端的な例を挙げて言いたいことを強調する

42 正答 ： 2 おそれ
〜するおそれがある＝〜する可能性がある
※나쁜 일이 발생할 가능성이 있을 때 사용. 좋은 일에는 사용하지 않는다.

43 正答 ： 3 帰るまいか
〜（よ）うか〜まいか＝〜할까〜말까

44 正答 ： 2 起こりうる
〜しうる＝〜할 가능성이 있다
※좋은 일과 나쁜 일의 양쪽 가능성이 있다.

問題8

45 정답 : 3

今月発売されたゲームに、2子供 1ばかりか 3大人 4まで 夢中になっている。

AばかりかBまで＝AはもちろんBも

夢中になる：열중하다

일반적으로 게임에 열중하는 것은 어린이이므로 「子供ばかりか〜」라고 된다.

46 정답 : 1

彼と映画に 4行きたくない 2わけではない が 1できれば 3遠慮したい と思っている。

〜ないわけではない＝ぜんぜん〜ないことはない：부정적인 것을 완곡하게 말하는 표현

行きたくないわけではないが、できれば遠慮したい＝絶対に行きたくないということはないが、行かなくていいなら、行きたくない

47 정답 : 3

ご両親と 4よく 2話し合った 3うえで 1受験する 学校を決めてください。

〜たうえで＝まず〜てから 〜한 다음에

48 정답 : 4

彼の発音は、2スピーチコンテストで 1優勝した 4だけ 3あって 日本人並みだ。

〜だけあって：〜니 만큼 (지위와 노력에 어울린다는 마음을 나타낸다)

〜並み＝〜레벨/〜급

49 정답 : 2

夏は 3緑色だった 1山が 2寒くなるにつれて 4次第に白くなっていく 様子を写真に撮っています。

問題9

50 정답 : 4 ところがあります

이 경우의「決められているところ」＝「決められている職場」. 1「決められているものです」라면 모든 직장이 그렇다는 것이 된다. 3「決められているところです」이라면「今、決められている途中だ」라는 뜻이 된다.

51 정답 : 1 として

マナーとして＝매너로써/매너의 명목으로

52 정답 : 4 与えかねません

〜かねない＝〜할 가능성이 있다

※「〜」에는 나쁜 것이 들어간다.

53 정답 : 4 それで

[接続詞（접속사）] 문제에서는 앞뒤를 잘 볼 것.

이 문제에서는 앞에는 하이힐을 신는 것에 대한 나쁜 점이 쓰여있고 뒤에는「このような声が広がっているのです」라 되어 있으므로 순접인「それで」가 정답.

54 정답 : 2 ではないでしょうか

「ハイヒールを強要されるのは問題だ」라는 문장이므로 1과 3은 틀렸다. 4「問題になってしまいます」는 문제가 되는 것이 나쁜 것이 아니기 때문에「〜てしまう」는 이상하다. 2「〜ではないでしょうか」는 의문의 형태이지만 실제는「ハイヒールを強要されるのは問題だ」라고 자신의 의견을 말하고 있다.

◆ 독해

問題10

(1) [55] 정답 : 3

> 立ちあがろうと思いながらも、立ちあがるきっかけが見つからない人にとっては、＜がんばれ＞という言葉は、じつにちからづよく、ありがたいものだと思います。
>
> しかし、そうでない人もいる。（中略）そのような人にむかって、人はどうすることができるのか。
>
> <u>そばに座ってその人の顔を見つめ、その人の手の上に自分の手を重ね、ただ黙って一緒に涙をこぼしているだけ。それくらいしかできません。そして、そういうこともまた大事なことだ</u>と思うのです。

———— ＜がんばれ＞라는 말이 도움되지 않을 때→곁에서 조용히 함께 우는 것도 중요.

□ 力強い : 힘이 세다
□ ありがたい : 고맙다
□ 見つめる : 응시하다
□ 重ねる : 거듭하다
□ 黙る : 침묵하다
□ 涙をこぼす : 눈물을 흘리다

(2) [56] 정답 : 3

> ＡＳＫ株式会社
>
> 松村様
>
> この度は、数ある会社の中から、弊社の製品にご興味を持っていただきありがとうございます。ホームページよりお問い合わせいただきました製品について、概算のお見積書を添付ファイルにてお送りしますので、ご確認ください。ぜひ一度お会いして、貴社の詳しいご希望などをうかがい、詳細なお見積をご提案したいと思っております。
>
> <u>お忙しいとは存じますが、ご都合いかがでしょうか。</u>
>
> ご返信お待ちしております。

———— 마지막에 상대의 예정을 묻고 있다. 즉 가장 큰 목적은 만날 약속을 하는 것.

```
株式会社ＡＢＣ
田中次郎
```

⭐암기하자!

□弊社 : 폐사(자신의 회사를 정중하게 표현하는 말)
□概算 : 개산(대강으로 어림잡아 한 셈)
□見積書 : 견적서
□添付ファイル : 첨부파일
□貴社 : 귀사
□詳細な＝くわしい 상세한
□お忙しいとは存じますが、: 비즈니스 메일에서 상대방 예정을 물을 때
  사용하는 정해진 표현
□何卒よろしくお願い申し上げます。: 비즈니스 메일에서 마지막에 쓰는
  일이 많은 인사말
□ご都合いかがでしょうか。: 「予定はどうですか」의 정중한 표현

(3) 57 정답 : 4

息子は小さいとき靴下が大嫌いでした。足が火照るらしく、靴下を見ると逃げ出したものです。

ある冬の朝、寒いので無理やり履かせたら、「きゃっ」と叫び「靴下の中にハリネズミがいる!」と脱いでしまいました。

私はびっくりしてすぐ靴下の中を見たのですが、ハリネズミはもういません。(中略)

子どもとつきあうには、子どもに負けない、自由で軟らかな頭が必要です。(中略)

もし向こうがこちらにとんでもない話を投げかけてきたら、私はさらに想像力を加えて投げ返します。

양말은 발이 뜨거워지므로 신고 싶지 않다. 그래서 아들은 「とんでもない話」를 했다. 실제로는 고슴도치가 없다.

⭐암기하자!

□とんでもない : 터무니 없다
□火照る : 화끈해지다/달아오르다
□逃げ出す : 도망가다
□無理やり履かせる : 무리하게 신게 하다
□ハリネズミ : 고슴도치

문자·어휘

문법

독해

청해

(4) 58 정답 : 1

 기하자!

□近隣 : 근린
□賜り : 받아서 / 받게되어
□販売 : 판매
□~に限り : ~だけ ~에 한하여
□価格 : 가격

※「近隣~ありがとうございます。」는 인사이므로 중요한 내용이 아니다

※「今年創立25周年を迎えるにあたり、」= 「今年は学校ができて25年目の記念の年なので」

과자와 빵을 1,000엔 이상 사면 레스토랑에서 저렴한 런치코스를 먹을 수 있다.

(5) 59 정답 : 2

人間は、苦痛や不幸をもたらすもの、危険なものになると、飛躍した結論を出す傾向があるように思う。一度痛い目にあったら、それと同種のものは無条件に避けるよう、論理を無視して飛躍した判断を下すのではないだろうか。「すべての蛇には毒がある」と断定した方が、「蛇によっては毒をもたないかもしれない」と考えるよりも安全なのだ。人間は、論理を犠牲にしても、安全に生き延びようとしているのではないだろうか。

기하자!

□苦痛 : 고통
□不幸 : 불행
□結論 : 결론
□傾向 : 경향
□痛い目 : 悪い経験 나쁜 경험 / 어려운 상황
□無条件 : 무조건

고통 · 불행 · 위험에 관계하는 것으로부터 논리적이지 않은 결론을 내는 예를 고른다.

□避ける：피하다
□論理＝理論 이론
□無視する：무시하다
□判断を下す：판단을 내리다
□蛇：뱀
□毒：독
□断定する：단정하다

문자·어휘

문법

독해

청해

問題11

(1) 60 정답 : 1   61 정답 : 2   62 정답 : 4

　彼女は、偽ウォークマンに、だめになりかかっているイヤホンのコードをぐるぐると巻き付けて、そいつを大事そうにベッドサイドに置いて、かけぶとんを頭からかぶった。

　自分が、ゴミのようにあつかっていたパチンコの景品が、家族とはいえ別の人間の手に渡って、こんなに大切にされている。

　これは、①ちょっとショックだった。

　なんでも買えばある。なくしても、買えばいい。

60 古くなったら新しいのを買う。

　高いものは簡単には買えないけれど、値段の安いものなら、いくつでも買える。

60 知らず知らずのうちに、自分にそう考えるくせがついていたらしい。

「大衆消費社会」の構造がそうなっているからだとか、ものを大切にするべきだとか、べつに理論や倫理で考えたわけではない。

　「偽物の不細工なウォークマン」で好きなテープを聴き、寝る前に **60・61 いかにも古くさいイヤホンをぐるぐる巻き付けてそいつをしまう、その姿のほうが、かっこよく思えたのだった。**

　うらやましい気持ちになったのだ。

　その、うらやましがられた本人さえも忘れているだろう「小さすぎる事件」が、どこに行ったときだったのかすら憶えていないが、

　「こいつのほうが、②かっこいい」

と思ったことは、いつまでも忘れないようにしようと、そのときのぼくは決めていた。

　だから、ずっと憶えているのだ。

62 人が、他の人やものを大事にしているのを見るのは、気持ちがいい。

　人やものを、粗末にあつかうのを見るのは、見苦しい。（中略）

62 「豊かであると信じていたことが、じつは貧しい」

と気づかせられることは、けっこうあったのだ。

---

60 낡은 물건을 소중히 여기는 사람을 보고 「古くなったら新しいのを買えばいい」라고 생각하게 된 자신을 깨달았다.

61 물건을 소중히 여기는 자세가 멋지다고 생각했다.

62 물건을 계속해서 사서 소비하는 것보다 하나의 물건을 소중히 여기는 것이 풍족이라고 필자는 생각한다.

문자·어휘

문 법

독 해

청 해

암기하자!

□コード：코드
□巻（ま）きつける：휘감다
□～の手（て）に渡（わた）る＝～のものになる ~것이 되다
□くせ：습관
□構造（こうぞう）：구조
□不細工（ぶさいく）：볼품없다/보기에 나쁜 모습
□うらやましい：부럽다
□粗末（そまつ）：허술함

(2) 63 정답：2　64 정답：2　65 정답：1

　教育（きょういく）のタテマエ（意識（いしき））は子（こ）どもを成長（せいちょう）させ幸福（こうふく）にするが、その無意識（むいしき）（裏（うら）の真実（しんじつ））は **63子（こ）どもの無限（むげん）な可能性（かのうせい）をただ一（ひと）つ近代的（きんだいてき）個人（こじん）（市民（しみん）・国民（こくみん））へ向（む）けて規格化（きかくか）しようとする。** 知識（ちしき）を教（おし）えるとはそういうことである。知識（ちしき）を持（も）たない人（ひと）は認（みと）めないということである。個々（ここ）の子（こ）どものそれぞれ固有（こゆう）の希望（きぼう）や期待（きたい）に応（こた）えようとするものではないのだ。

　だが、ひとというものは近代（きんだい）や「知（ち）」や文化（ぶんか）に背（せ）を向（む）けて独自（どくじ）の「私（わたし）」を生（い）きるわけにはいかない。ひとは近代的個人（きんだいてきこじん）の装（よそお）いを成（な）せるようになって初（はじ）めて、自（みずか）らの内的（ないてき）な固有性（こゆうせい）（私（わたし）そのものの独自（どくじ）性（せい））を生（い）き延（の）びさせることができる。自己（じこ）の「自分（じぶん）」性（せい）（独自性（どくじせい））は、自己（じこ）が公共的（こうきょうてき）存在（そんざい）になることによって確認（かくにん）されてくるものでもある。近代的個人（きんだいてきこじん）のありようは、憲法（けんぽう）やその他（た）の法（ほう）によって規格（きかく）が提示（ていじ）されている。**64「個（こ）」の自由（じゆう）が成立（せいりつ）するのは、現実（げんじつ）の生活（せいかつ）レベルでは、法（ほう）やルールや道徳（どうとく）の規制（きせい）の下（もと）だけである。** 一人（ひとり）ひとりの固有（こゆう）の独自性（どくじせい）がそれぞれに発揮（はっき）され始（はじ）めたら、社会（しゃかい）は破壊（はかい）され、法（ほう）が黙（だま）っていない。**65教育（きょういく）や学校（がっこう）は、法（ほう）の下（もと）で積極的（せっきょくてき）な市民生活（しみんせいかつ）を営（いとな）めるように子（こ）どもを育（そだ）て上（あ）げることにその使命（しめい）がある。**（中略（ちゅうりゃく））学校（がっこう）や教育（きょういく）は単（たん）に「知識（ちしき）を学（まな）ぶ」だけでは、すまないのである。この点（てん）こそが、学校（がっこう）の本来的（ほんらいてき）な役割（やくわり）なのだ。

63 교육이란 아이들을 규격에 따라 성장시키는 것이다.

64 「法（ほう）やルールや道徳（どうとく）の規制（きせい）の下（もと）」＝「社会（しゃかい）のルールや道徳（どうとく）に反（はん）していないこと」

65 「法（ほう）の下（もと）で積極的（せっきょくてき）な市民生活（しみんせいかつ）を営（いとな）める」＝「法律（ほうりつ）やルールの範囲内（はんいない）で、独自性（どくじせい）が持（も）てる」

암기하자!

□成長（せいちょう）する：성장하다
□幸福（こうふく）：행복
□無意識（むいしき）：무의식
□無限（むげん）：무한

□可能性：가능성
□近代：근대
□個人：개인
□希望：희망
□期待：기대
□自ら：스스로
□公共：공공
□存在：존재
□憲法：헌법
□成立する：성립하다
□現実：현실
□発揮する：발휘하다
□本来：본래
□役割：역할

(3) 66 정답 : 3　67 정답 : 2　68 정답 : 4

66この世で、最高に重要でおもしろく複雑なものは「他者」つまり「人間」で、その人たち全般に対する感謝、畏敬、尽きぬ興味などがあれば、常日頃「絡んだ絆」のド真ん中で暮らすことになっている自分の立場も肯定するはずだろう、と思う。地震があってもなくても、それが①人間の普通の暮らし方というものなのだ。

　今まで、自分一人で気ままに生きて来て、絆の大切さが今回初めてわかったという人は、お金と日本のインフラに頼って暮らしていただけなのだ。身近の誰かが亡くなって初めて、自分の心の中に、空虚な穴が空いたように感じた、寂しかった、かわいそうだった、ということなのかもしれないが、**67**失われてみなければ、その大切さがわからないというのは、人間として②想像力が貧しい証拠だと言わねばならない。

　それに人間の、**68**他の人間の存在が幸せかどうか深く気になってたまらないという心理は、むしろ③最低限の人間の証ということで、そういうことに一切関心がないということは、その人が人間でない証拠とさえ言えるのかもしれないのだ。常に、現状が失われた状態を予測するという機能は、むしろ人間にだけ許された高度な才能である、と言ってもいいかもしれない。

66 밑줄① 직전에 있는 「それ」는 이 부분을 가리킨다.

67 소중한 것을 잃어버리기 전에는 그 상황을 상상할 수 없어 잃어버리고나서 곤란해 하는 예를 고른다.

68 이 부분과 비슷한 선택지를 고른다.

⭐ 암기하자!

□ 全般：전반
□ 畏敬：외경/존경
□ 常日頃：늘/평소
□ 絡んだ絆：얽힌 정
□ ド真ん中：정중앙
□ 気ままに：마음대로
□ 肯定：긍정
□ 頼る：의지하다
□ 失う：잃다
□ 証拠、証：증거
□ 心理：심리
□ 関心：관심
□ 常に：항상
□ 現状：현상
□ 予測する：예측하다
□ たまらない：견딜 수 없다
□ 機能：기능
□ 高度：고도
□ 才能：재능

문자·어휘

문
법

독
해

청
해

問題12

69 정답：2　**70** 정답：4

A

　私が住む市の動物園に、ゾウ2頭がタイからやって来ることになったそうだ。市の動物園では、3年前に、40年以上市民に愛されてきたゾウが死んでしまって以来、ゾウが1頭もいなくなっていた。去年、私も動物園へ行ったが、入口からすぐの、何もいないゾウのエリアを見て、寂しさを感じた。動物園はさまざまな動物を実際に見られる貴重な場所であり、**69中でもゾウは、動物園のシンボル的な存在**だ。そんな中で、今回、外国から新たにゾウ2頭を受け入れるというニュースは、**70市民にとって喜ばしいニュース**だ。動物園も工事を行い、新しいゾウが快適に暮らせるよう、ゾウ舎の整備を進めているということである。

69　シンボル＝象徴的な存在

B

　動物園からゾウが姿を消しているそうだ。海外から輸入され、国内各地の動物園で親しまれてきたゾウだが、来日してから数十年が経ち、寿命を迎えていることに加えて、ワシントン条約により取引が厳しく制限されているためだ。確かに、**69ゾウは動物園の象徴的な動物**で、ゾウに限らず普段目にすることのできない動物を近くで見られる機会は貴重だ。しかし、**70私は動物園へ行くと、それが動物たちにとって本当に良い生活環境なのかと疑問に感じる。**特に、ゾウやキリンのように大きい動物が、あんなに小さい場所で育てられているのを見ると、苦しそうで見ていられない。動物園からゾウが減っているのを残念がる人もいるかもしれないが、今後、無理に外国から新たな動物を受け入れる必要はないのではないだろうか。

70　Aは「市民にとって喜ばしいニュース」라고 말하고 전체적으로 긍정적인 글로 되어 있다. B는 동물을 작은 장소에서 기르는 것에 의문을 품고 있다.

⭐암기하자!

- □動物園：동물원
- □貴重な：귀중한
- □快適：쾌적
- □喜ばしい：기쁜/반가운

□整備：정비
□親しまれる：친하게 지내다
□経つ：(시간이) 지나다
□寿命：수명
□象徴的な：상징적인
□普段：평소
□生活環境：생활환경
□疑問：의문
□苦しい：괴롭다
□残念がる：유감스러워하다

問題13

71 정답 : 1 **72** 정답 : 3 **73** 정답 : 4

日本揮発油社長の鈴木義雄にインタビューのため、定刻かっきりにいったら、秘書の女の子がでてきて「すみませんが、二分間だけお待ち下さい」といった。

社長族の仕事が分刻みであることくらいはしっていたが、＜それにしても恐ろしく几帳面な会社だなぁ＞と、やや皮肉な気持で時計を眺めていたら、本当に二分かっきりに鈴木が現われた。

そこで、インタビューのきっかけに「私がお待ちしていた二分間に社長はどんな仕事をされたのですか？」と少々意地の悪い質問をぶつけてみた。

「実はあなたがこられる前に、経営上の問題で、ある部長と大激論をたたかわせていたのです。当然、**72険しい顔をしてやっていたでしょうから、その表情を残したままで、あなたに会うのは失礼**だと思い、秘書に二分だけ暇をくれ、といったのです」

そして、その二分間に「姿見の前に立って、顔かたちを整えた」という。

71自分で自分の顔つきをちゃんと知っていることは、自分自身を知るのと同じくらいに難しいだろう。

さすがなものだ、と<u>ひどく心を打たれた。</u>

この鈴木よりも、もう一歩進んでいるのは「世界のブック・ストア」丸善相談役の司忠である。

72司は出勤前に必ず鏡の前に立って、自分の顔をうつす。

じっと眺めていて、我ながら＜険悪な相だな＞と思った時には、一所懸命、顔の筋肉をゆるめて柔和な表情にする。

「人相は自らつくるもの」というのが司の信念だからだ。

司の六十年間の経験によれば「人相というものは朝と晩とでも変わる。自分の心の状態を恐ろしいほど敏感にうつし出す。だから、人相は始終変わる。（中略）自分の心がけ一つで、自らの相をなおして開運することができる。（中略）もし、嘘だと思うなら、早速、明日から鏡に写る自分と対話をはじめてみるといい。それはやがて、

문장의 내용
· 鈴木社長 →인터뷰 전에 얼굴을 다듬었다
· 司社長 →매일 아침 거울을 향해 자신의 모습을 다듬는다

71 바로 앞 문장에 쓰여있다.

72 두 사람 모두 타인에 대하여 험한 표정으로 만나버릴 것 같은 감정을 갖고 있을 때 표정을 다듬는다.

自分の心との対決であることに気がつくだろう。私は、この鏡と自分との対決を六十余年間、一日として欠かしたことはない。それでもまだ、修業が足りないから、高僧のような風貌には達していないが、少なくとも前日の不快をもち越すようなことは絶対にない、と断言できる。また、人と折衝したり、人に注意を与える場合なども、まず鏡に向かって自分の相を整えるがよい。鏡は常に無言だが、人の心を赤裸々に写し出してくれる」という。

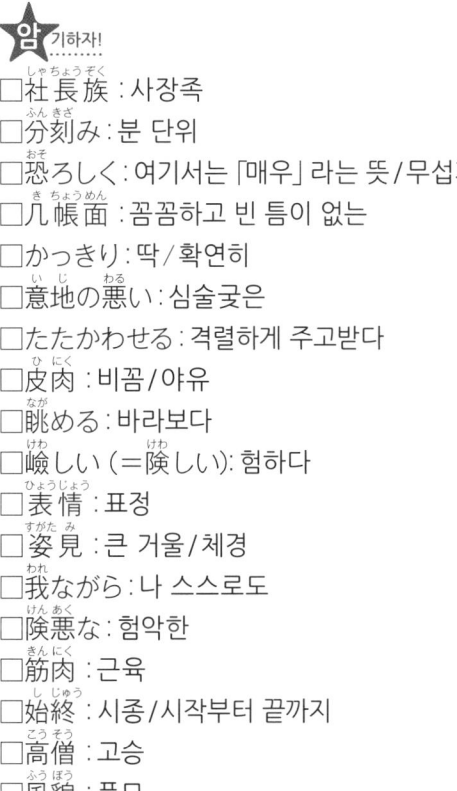

⭐암기하자!

□社長族 : 사장족
□分刻み : 분 단위
□恐ろしく : 여기서는 「매우」라는 뜻/무섭게
□几帳面 : 꼼꼼하고 빈 틈이 없는
□かっきり : 딱/확연히
□意地の悪い : 심술궂은
□たたかわせる : 격렬하게 주고받다
□皮肉 : 비꼼/야유
□眺める : 바라보다
□嶮しい (＝険しい) : 험하다
□表情 : 표정
□姿見 : 큰 거울/체경
□我ながら : 나 스스로도
□険悪な : 험악한
□筋肉 : 근육
□始終 : 시종/시작부터 끝까지
□高僧 : 고승
□風貌 : 풍모
□折衝 : 절충
□赤裸々 : 적나라

73 이 문장에는 자신의 기분을 컨트롤하여 인상을 다듬는 두 사장에 대해 쓰여 있다.

제 1 회

문자·어휘

문 법

독 해

청 해

049

問題14

74 정답 : 1　**75** 정답 : 4

ＡＳＫフィットネスクラブ

- ●24時間営業　●年中無休　●シャワールーム完備
- ●マシン使い放題　●スタッフアワー　10：00〜20：00

春の特別キャンペーン実施中!!

【特典①】3月31日までにご入会された方は、入会金5400円が無料！

【特典②】3月分会費もいただきません！　4月分会費は半額！

【特典③】2名以上で同時にご入会された方は、初回手数料全員無料！

ぜひ、この機会にご家族やご友人をお誘いの上、ご入会ください！

見学はいつでも受け付けています。ご都合のよい日時をご連絡ください。

もちろん見学のみでもOK！

会費（1か月）

- ◆24時間会員　　7,800円　　24時間いつでも
- ◆平日昼間会員　4,800円　　月〜金、午前6時〜午後5時（祝日除く）
- ◆平日夜間会員　6,500円　　月〜金、午後5時〜翌日午前6時（祝日除く）
- ◆休日会員　　　6,800円　　土日祝日なら時間を問わず、いつでも

会費のほかに、入会金5,400円と初回手数料3,000円がかかります。

≪入会手続きに必要なもの≫

1. 住所がわかる身分証明書（運転免許証、健康保険証、在留カードなど）

2. 会費を引き落とす銀行のキャッシュカードもしくは通帳と印鑑

　　＊ご本人、またはご家族の名前のものに限ります。

3. 入会金と初回手数料および初回2か月分の会費

　　＊入会金と初回手数料、初回分の会費のお支払いは現金のみとさせていただきます。

　　＊本キャンペーン特典①〜③は、初めて入会される方と退会後1年以上経った方に適用されます。

　　＊退会後1年未満で再入会される方は、本キャンペーン特典①〜③の対象外です。

ＡＳＫフィットネスクラブ

まずはお気軽にお電話ください。　TEL：0120-××××-000

ネットからのお問い合わせもできます。　www.ask-cm.com

---

75 평일 주간회원 3월분 회비 0엔 (특전②) ＋4월분 회비 반값 2,400엔 (특전②) ＋입회금 0엔 (특전①) ＋첫 회 수수료 3,000엔 (혼자 입회했으므로 특전③은 적용되지 않는다.)

74 마쓰모토 씨는 재입회이므로 캠페인의 특전은 받을 수 없다. 평일 야간회원 회비 2개월분 13,000엔＋입회금 5,400엔＋첫 회 수수료 3,000엔＝21,400엔

기하자!

□使い放題 : 무제한 사용
□実施 : 실시
□特典 : 특전
□会費 : 회비
□手数料 : 수수료
□お支払いは現金のみとさせていただきます＝支払いは現金だけです
　（カードは使えません）지불은 현금만 됩니다(카드는 사용할 수 없습니
　다)
□退会 : 탈회/탈퇴 ⇔ 入会 : 입회/가입
□対象外 : 대상 외

問題1

例　정답 : 3

◀)) N2_1_03

病院の受付で、女の人と男の人が話しています。男の人はこのあとまず、何をしますか。

F：こんにちは。

M：すみません、予約はしていないんですが、いいですか。

F：大丈夫ですが、現在かなり混んでおりまして、1時間くらいお待ちいただくことになるかもしれないのですが…。

M：1時間か…。大丈夫です、お願いします。

F：はい、承知しました。こちらは初めてですか。初めての方は、まず診察券を作成していただくことになります。

M：診察券なら、持っています。

F：それでは、こちらの書類に症状などをご記入のうえ、保険証と一緒に出してください。そのあと体温を測ってください。

M：わかりました。ありがとうございます。

男の人はこのあとまず何をしますか。

기하자!

□大丈夫：괜찮다/문제 없다
□混んでおり：붐비고 있어서
□承知しました：잘 알았습니다
□診察券：진찰권
□症状：증상
□保険証：보험증
□体温：체온

会社で、男の人と女の人が話しています。女の人はこのあとまず何をしますか。

M：明日の部長の送別会なんだけど、田中さん、急な打ち合わせが入って来られなくなっちゃったんだって。聞いた？

F：え、そうなんですか。困ったなあ。もうレストラン、予約しちゃったんですよ。お金ってどうすればいいでしょう。

M：キャンセルできないの？　前日までなら、だいたいキャンセルできるんじゃない？

F：はい。でも、レストランの**1ホームページに「予約のキャンセルは二日前まで」って書いてあって…。** ──── 1　전날(1일 전)이므로 인터넷으로 취소할 수 없다.

M：そっかあ。あ、そういえば、山田さん、別の部署だけど、うちのメンバーも知ってるし、誘ってみる？　僕、連絡先、知ってるよ。

F：でも、うちの部署の送別会ですし、**2うちのメンバーだけのほうがいい**んじゃないでしょうか。 ──── 2　야마다 씨는 다른 부서이므로 초대하지 않는다.

M：そうか、それもそうだね。じゃあ、田中さんには悪いけど、お金だけ出してもらう？

F：うーん、送別会には来ないのに、なんだか申し訳ないですよね。 ──── 3　대화에 없다.

M：一度、**4レストランに電話して、キャンセルできないか、聞いてみたら？** ──── 4　○

F：**はい、そうしてみます。** もし、キャンセルできなかったら、お金のこと、またご相談してもいいですか。

女の人はこのあとまず何をしますか。

⭐ 암기하자!

□送別会：송별회
□打ち合わせ：협의/회의
□そっかあ：「そうか」의 캐주얼한 표현
□部署：부서
□連絡先：연락처

だいがく
大学で、女の人と男の人が話しています。女の人はこのあとまず何
をしますか。

F：明後日までに提出のレポート、もう終わった?

M：うん。昨日先生に提出したよ。中山さんは?

F：うーん、思ってたより調べるのに時間がかかっちゃって、まだ全
然。

M：中山さんのテーマって、「現代の若者の少子高齢化社会に対す
る意識」だっけ?　どうやって調べてるの?

F：**1図書館で「少子高齢化」について書いてある専門的な本を検**　——　**1**　이미 찾았다.
索して、たくさん読んでみたんだけど。でも、全然わからなくて
…。私にとっては難しくってしょうがなかったよ。

M：そっかあ。じゃあ、専門的な本じゃなくて、入門書とか、**2もっ**　——　**2**　남성이 제안했지만
と簡単な本から読んでみたら?　　　　　　　　　　　　　　여성은 「読む」 라고 말
　　　　　　　　　　　　　　　　　　　　　　　　　　　　하지 않았다.

F：うーん、大学のレポートだから専門の本がいいかなって思った
んだけど…。

M：まあね。でもわからなかったら意味ないからね。**3インターネッ**　——　**3**　○
トで調べてみるのもいいと思うよ。怪しい情報には注意しなき
やいけないけど。　　　　　　　　　　　　　　　　　　　　**4**　리포트를 쓰는 것은
　　　　　　　　　　　　　　　　　　　　　　　　　　　　조사한 후.

F：そうだね、そうする。ありがとう。書けるような気がしてきた。

女の人はこのあとまず何をしますか。

⭐**암**기하자!

□若者：젊은이
□少子高齢化：저출산 고령화
□意識：의식
□図書館：도서관
□検索する：검색하다
□専門的：전문적
□入門書：입문서
□まあね：뭐 그저(애매하게 맞장구칠 때 하는 말)
□怪しい：수상하다/의심스럽다

デパートで男の人と店員が話しています。男の人はこのあといくら
払いますか。

M：すみません。きのう、こちらのお店で財布を買ったものなんで
すが…。実は、間違えて別の財布を買ってしまいまして…まだ
箱から出していないんですが、交換ってできますか。

F：はい、未使用でしたらできますよ。

M：そうですか。よかったです。それで、こちらの財布がほしかっ
たものなんですが…。

F：昨日お買い求めいただいたのが20000円の財布で、こちらの
商品が15000円ですので、差額の5000円をお返しします。
レシートはお持ちですか。

M：はい。これです。

F：あ、クレジットカードでのお支払いでしたか。カードですと一
度20000円お返しして、改めて商品代を全額頂戴することに
なりますがよろしいでしょうか。

M：はい。結構です。あ、昨日、1000円割引のクーポンをもらっ
たんですが、これは使えますか。

F：そちらのクーポンは20000円以上の商品にしかお使いいただ
けないんです…申し訳ありません。

男の人はこのあといくら払いますか。

어제 구입한 지갑은 20,000엔. 갖고 싶던 지갑은 15,000엔. 신용카드로 지불하였으므로 우선 20,000엔을 돌려 받은 다음에 다시 15,000엔을 지불한다. 1,000엔 할인 쿠폰은 사용할 수 없다.→15,000엔 지불

⭐암기하자!

□財布：지갑
□交換：교환
□未使用：미사용
□差額：차액
□レシート：영수증
□改めて：새롭게
□商品代：상품대금
□全額：전액
□頂戴する：「もらう」의 정중한 표현

男の人と女の人が話しています。男の人はこのあとまず、何をしますか。

M：来月から一人暮らしを始めるんですけど、小林さんって今、一人暮らしですよね。引っ越しのとき、気をつけることとかってありますか。

F：そうですね。私が引っ越しのとき大変だったのは、**1電気やガスの契約**でした。電気はすぐできたけど、ガスの契約は時間がかかりましたよ。**1引っ越しの三日前までには連絡しておいたほうがいい**と思います。　　　　　　　　　　　— **1·2·4** 지금 바로는 아니다.

M：なるほど。ほかには？

F：あとは、**2新しい日用品を買っておくこと**かな。特にフライパンとか、キッチンのもの。実家には当たり前のようにあるから、つい忘れちゃうんですよね。あ、あと、引っ越し屋さんの予約はもうしましたか。

M：いえ、まだ何も。

F：**3引っ越し屋さんの予約、早くしたほうがいいですよ**。予約する日が引っ越す日に近ければ近いほど、値段も高くなるんです。**4段ボールに荷物をつめてからじゃ間に合いませんよ。**　　　　　　　　　　　— **3**　○

M：そうなんですか。じゃあ、すぐしたほうがいいですね。ありがとうございます。

男の人はこのあとまず、何をしますか。

⭐**암**기하자!

□引っ越し：이사
□一人暮らし：독신생활
□日用品：일용품
□つい：자신도 모르게 / 무심코
□実家：본가
□予約をとる＝予約する 예약하다
□〜ば〜ほど：~하면 ~만큼
□値段：가격
□荷物：짐 / 화물

5番　정답：4

会社で、男の人と女の人が話しています。女の人はこのあとまず、何をしますか。

M：はぁ。もう最悪だよ。

F：どうしたんですか。

M：今日の夕方の会議の資料、一生懸命作ったはいいものの、載せる表を1つ間違えちゃってさ。100部も印刷したのに、全部ダメになっちゃったんだ。また印刷し直さなくちゃ。今日、これからすぐ営業で取引先に行かなきゃならないし……。

F：ええ、それは大変ですね。手伝いましょうか。

M：いいの!?　ありがとう。じゃあ、正しい**2資料のデータをメールで送る**から、それ、印刷してもらえるかな。100部。

F：わかりました。あ、でも、**310時から課長と面談**なんです。あと1時間くらいしかないので、その後でもいいですか。

M：うん。会議は4時からだから、**1午後で大丈夫**だよ。

F：わかりました。

M：あと、**4もうすぐ僕宛に荷物が届くんだ。代わりにサインもお願いしていいかな。**

F：わかりました。じゃあ、やっておきます。

M：ありがとう。よろしくね。

女の人はこのあとまず、何をしますか。

---

1 인쇄는 오후에 하는 것이 좋다.

2 데이터를 보내는 것은 남성.

3 면담은 10시부터.

4 ○

⭐암기하자!

☐最悪：최악
☐載せる：얹다/싣다/게재하다
☐取引先：거래처
☐面談：면담
☐〜宛：〜앞
☐代わり：대신

問題2

例　正답：4

テレビ番組で、女の司会者と男の俳優が話しています。男の俳優は、芝居のどんなところが一番大変だと言っていますか。

F：富田さん、今回の演劇『六人の物語』は、すごく評判がよくて、ネット上でも話題になっていますね。

M：ありがとうございます。今回は僕の初舞台で、たくさんの方々に観ていただいて本当にうれしいです。でも、まだまだ経験不足のところもあって、いろいろ苦労しました。

F：動きも多いし、かなり体力を使うでしょうね。

M：ええ。セリフもたくさんおぼえなきゃいけないから、つらかったです。

F：そうですよね。でもすごく自然に話していらっしゃいました。

M：ありがとうございます。空いている時間は全部練習に使ったんですよ。でも、間違えないでセリフを話せたとしても、キャラクターの性格を出せないとお芝居とは言えないので、そこが一番大変でしたね。

男の俳優は、芝居のどんなところが一番大変だと言っていますか。

1番　正答：3

会社で、女の人と男の人が話しています。女の人は男の人に何を注意しましたか。

F：佐藤さん。日本電気さんとの会議、お疲れさま。初めてにしてはなかなかていねいで、いい会議ができていたと思うよ。

M：ありがとうございます。

F：大事な開発費の話への運び方もスムーズで、そこも評価できるけど、**3予定より低めの金額をあちらに提示してた**でしょ？

M：はい、高めだとあちらも消極的になるかと思いまして。

F：もちろんそのやり方もいいんだけど、そうすると今から上げにくくなるでしょ？　だから、言いにくいかもしれないけど、最初からこちらの希望を言うべきだったよね。

M：はい、わかりました。

F：**4次の会議で話が変わると嫌がる会社が多い**からね。まあ、気をつけて。

M：はい、気をつけます。

女の人は男の人に何を注意しましたか。

1·2　선배는 이런 말은 하지 않았다.

3　○

4　이번 회의 중에서 이야기는 변한 것이 없다.

기하자!

□開発 : 개발
□スムーズ : 스무스
□評価する : 평가하다
□低め : 낮게 ⇔ 高め : 높게
□提示する : 제시하다
□～べき : ～しなければならない ~해야 한다

会社_{かいしゃ}で、男_{おとこ}の人_{ひと}と女_{おんな}の人_{ひと}が話_{はな}しています。二人_{ふたり}は何_{なに}で京都_{きょうと}へ行_いきますか。

M : 林_{はやし}さん、来週_{らいしゅう}の京都_{きょうと}への出張_{しゅっちょう}なんだけど。私_{わたし}と林_{はやし}さんで行_いく予定_{よてい}の。何_{なに}で行_いくかはもう決_きまってる？

F : あ、今_{いま}ちょうど探_{さが}しているところです。いちばん早_{はや}いのは飛行機_{ひこうき}なんですけど、空港_{くうこう}からのアクセスがいまいちなんですよね。

M : そう。着_ついたら車_{くるま}を借_かりて移動_{いどう}ってことね。ほかには？

F : **2新幹線_{しんかんせん}も見_みてみましたが、もう満席_{まんせき}でした。** さすがに立_たちっぱなしで2時間_{じかん}はきついですよね。

M : そうだね。少_{すこ}し時間_{じかん}がかかるけど、バスは？

F : **3夜行_{やこう}しかないみたいで、着_つくのが早_{はや}すぎますね。ゆっくり休_{やす}めませんし。**

M : そうか。こっちから**4車_{くるま}を借_かりて行_いくっていう手_てもあるけど、さすがに遠_{とお}すぎる**よね。じゃあ、**1さっさとあっちまで行_いって、向_むこうで車_{くるま}を借_かりるしかなさそうだね。**予約_{よやく}お願_{ねが}い。

F : わかりました。

二人_{ふたり}は何_{なに}で京都_{きょうと}へ行_いきますか。

1　신칸센, 버스, 자동차 모두 문제가 있으므로 비행기로 가서 공항에서 자동차를 빌려 이동한다.

⭐ 암기하자!

□アクセス : 액세스 / 접근
□移動_{いどう} : 이동
□満席_{まんせき} : 만석
□立_たちっぱなし : ずっと立_たっている 선채로
□夜行_{やこう} : 야간행 (버스 / 기차)

3番　正答：3

会社で、男の人が話しています。男の人は、来年、会社はどうする
べきだと言っていますか。

M：それでは、今年度の反省と来年度の方針についてご説明しま
す。今年度、４月から９月の上半期は安定した販売数でしたが、
11月から徐々に売り上げが減っています。その原因として、お
客様が他の会社へ行ってしまったこと、材料の値段が上がって
しまったことが考えられますが、最大の原因は海外の店舗の売
り上げが下がったことです。来年度は、国と国の関係に影響
を受けやすい**海外市場を縮小し、国内の店舗を増加していく
べき**だと思います。そうすれば、数年後にはまた海外の店舗を
増やしていけると思います。

男の人は、来年、会社はどうするべきだと言っていますか。

해외의 가게를 줄이고
국내 가게를 늘려서 매
상을 올려야 한다고 이
야기하고 있다.

⭐암기하자!
□年度：회계연도(일본에서는 4월부터 다음해 3월까지가 대부분)
□反省：반성
□方針：방침
□上半期・下半期：상반기・하반기
□安定する：안정하다
□販売：판매
□売り上げ：매상/매출
□最大：최대
□店舗：점포
□市場：시장
□縮小する：축소하다

大学で、女の留学生と男の留学生が話しています。学生は、どんなレポートを出さなければいけませんか。

F：あ、キムさん、ちょっといい？　先週のゼミ、風邪で休んじゃって期末レポートの内容がわからないんだけど、教えてくれない？

M：うん。いいよ。**先月、日本の伝統文化についてレポートを書いたでしょ。今度はあれを発展させて、自分の出身地と日本を比較する**んだって。

F：そうなんだ。キムさんは、どんな伝統文化を選んだの？

M：日本のお祭りについて。リーさんは？

F：私は料理について。じゃあ、インターネットでもっと詳しく調べてみようかな。教えてくれてありがとう。

学生は、どんなレポートを出さなければいけませんか。

일본 전통문화에 대하여 쓴 리포트를 발전시켜 자기 나라의 문화와 비교한 리포트를 쓴다.

 기하자!

□伝統：전통
□発展する：발전하다
□出身地：출신지
□比較する：비교하다

大学で、女の学生と男の学生が話しています。女の学生は卒業後、どうして海外へ行くと言っていますか。

F：あ、先輩、今ちょっとお時間ありますか。今後のことで迷っていて。

M：うん、いいよ。どうしたの？　佐藤さんは、卒業後、国内で就職するって言ってたよね？

F：はい、そのつもりだったんですけど、海外にも興味が出てきて…。

M：**1海外で働くってこと？**

F：**ゆくゆくはそれもしたいんですけど…。**私、海外の大学で行われている教育について卒業論文を書いたんですね。それが日本の教育とまったく違ってとても興味深かったんです。

M：じゃあ、留学するってこと？　確か、佐藤さんのご両親は海外にいらっしゃるよね。

F：あ、**2・4一つのところというよりは、いろいろな国の大学を見て回って教育の状況を知りたい**と思いまして。もちろん両親がいる国へも行くつもりですが。

M：そうなんだ。まあ、ビザの問題とか費用の問題とか具体的に調べてみて、もう一度考えたほうがいいと思うよ。

F：はい、そうしてみます。ありがとうございました。

女の学生は卒業後、どうして海外へ行くと言っていますか。

1 취업은 미래의 일. 지금은 아니다.

2・4 하나의 나라에 유학하는 것이 아니라 해외 대학을 돌아보고 싶다.

3 가족과 함께 생활하고 싶다고는 말하고 있지 않다.

⭐암기하자!
- □ 先輩：선배
- □ 今後：앞으로
- □ ゆくゆく：장래
- □ 興味深い：흥미롭다
- □ 状況：상황
- □ ビザ：비자
- □ 具体的に：구체적으로

6番　정답：3

■)) N2_1_16

大学で、女の学生と事務の人が話しています。女の学生があとから持ってこなければいけない書類はどんな書類ですか。

F：すみません。学費を安くするための書類を出したいんですが…。

M：学費の減額ですね。では、まず、**1申込書**をお願いします。

F：はい、書いてきました。

M：…はい、内容も問題ありません。次に、**2ご家族と申請者の収入を証明する書類**ですが、お持ちですか。

F：ええと、これなんですが。これが父ので、これが私のアルバイトの収入です。

M：ええと…はい、大丈夫です。次に、住民票をお願いします。

F：はい、私の住民票です。

M：あれ？　今のお住まいはご両親と別ですか。

F：はい、別々に住んでいます。

M：そうすると、**3ご両親のご住所がわかるように、ご両親の住民票も必要になります。** 後日でけっこうですから、窓口までお持ちください。あとは、**4申請の理由書**ですが、ありますか。

F：はい、これです。

M：はい、では確かに受け取りました。足りないものだけ提出をお願いします。

女の学生があとから持ってこなければいけない書類は何ですか。

1・2・4 가지고 왔다.

3 부모님의 주소를 알 수 있는 서류를 가지고 와야 한다.

⭐암기하자!

☐ 申込書：신청서
☐ 申請：신청
☐ 収入：수입
☐ 証明する：증명하다
☐ 住民票：주민표
☐ 後日：후일

問題3

例　正答：2

🔊 N2_1_18

日本語学校で先生が話しています。

F：皆さん、カレーが食べたくなったら、レストランで食べますか、自分で作りますか。作り方はとても簡単です。じゃがいも、にんじん、玉ねぎなど、自分や家族の好きな野菜を食べやすい大きさに切って、ルウと一緒に煮込んだらすぐできあがります。できあがったばかりの熱々のカレーももちろんおいしいのですが、実は、冷蔵庫で一晩冷やしてからのほうがもっとおいしくなりますよ。それは、冷めるときに味が食材の奥まで入っていくからです。自分で作ったときは、ぜひ試してみてください。

先生が一番言いたいことは何ですか。

1　カレーを作る方法

2　カレーをおいしく食べる方法

3　カレーを作るときに必要な野菜

4　カレーのおいしいレストラン

テレビで女の人が話しています。

F： 今日のテーマは、「みんなのストレス解消法」です。最近は、ストレス社会と言われるほど、世の中にはストレスがあふれています。ストレスがたまったとき、みなさんはどうしていますか？ストレス解消法って人によって違いますよね。私のストレス解消法は、カラオケです。大きな声で歌うと、気分がスッキリします。お腹から声を出すことを意識するんです。そうすれば、体の中にあるモヤモヤしたものが全部外に出たような気分になるので、オススメですよ。では、ゲストのみなさんのストレス解消法を聞いてみましょう。

女の人は何について話していますか。

1　女の人のストレス解消法

2　ストレスがたまる原因

3　ゲストのストレス解消法

4　上手に歌を歌う方法

⭐암기하자!

□ストレスを解消する：스트레스를 해소하다

□ストレスがたまる：스트레스가 쌓이다

□ゲスト：게스트

大学で先生が話しています。

F：えー、この授業では、日本語のレポートや論文の書き方について勉強します。毎回、事前に課題が出るので、必ずやってきてください。課題は、A4サイズ4ページくらいのレポートです。課題のテーマは、こちらで指定します。テーマについて、図書館などで調べて、自分の意見を書いてください。インターネットで調べてもいいですが、あまりお勧めしません。授業では、事前にやってきた課題をグループで読んで、どうすればいいレポートになるかを話し合ってもらいます。休むと周りの人に迷惑がかかるので、休まずに毎回来るようにしてください。では、これから第1回の事前課題のテーマについて話します。

先生は、何について話していますか。

1　レポートや論文の書き方

2　授業の課題のテーマ

3　この授業の流れ

4　いいレポートの条件

⭐암기하자!

□事前：사전
□課題：과제
□サイズ：사이즈
□勧める：추천하다

ラジオで男の人が話しています。

M：みなさんは旅行の予約の際に、飛行機とホテルのパッケージツアーで、「飛行機の時間が自由に選べればいいのに」「いろいろなホテルから選べればいいのに」といったことを感じたことはありませんか。みどりトラベルはそういったみなさんのお悩みを解決します。弊社のサイトでは、1つのパッケージツアーに対して6つの飛行機の時間帯が選べるようになっています。また、ホテルも10以上と多数そろえていますよ。ホテルや飛行機の時間帯によって、値段が変わる旅行会社が多いですが、弊社はなんと、旅行の3か月前なら**3・4どの時間帯、ホテルでも値段は同じ**です。ぜひご利用くださいませ。

男の人がみどりトラベルについて一番言いたいことは何ですか。

1　ツアーの値段が安い

2　いちばんいいツアーを教えてくれる

3　時間帯によってツアーの値段が安くなる

4　値段を気にせずホテルや飛行機を選べる

1 가격의 저렴함은 이야기하고 있지 않다.

2 선택은 손님이 정한다.

3 가격은 변하지 않는다.

4 ○

★암기하자!

□～際に：～ときに ~할 때에
□パッケージツアー：패키지 투어
□解決する：해결하다
□時間帯：시간대
□多数：다수

学校で先生が生徒に話しています。

M：明日から冬休みですね。みなさん、旅行や帰省など、いろいろ予定があると思います。ぜひ楽しんできてくださいね。でも、旅行先でけがをしないように気をつけてください。それから、人が多いところではポケットに入っている財布やケータイを盗まれることもあります。また、最近はレストランでかばんを席に置いたままトイレに行っている間に、かばんを盗られることもよくあると聞いています。貴重品は必ずかばんの中に入れて、離さず持っていてくださいね。それでは、楽しい冬休みにしてください。

先生は何について話していますか。

1　自分の冬休みの予定

2　旅行先で怪我をしたときの対処法

3　過去にかばんを盗まれた話

4　冬休み中に気をつけてほしいこと

⭐ 암기하자!

□帰省：귀성 (부모님을 뵙기 위해 객지에서 고향으로 돌아가거나 돌아오는 행위)
□旅行先：여행지
□貴重品：귀중품

선생님은

·여행지에서 다치지 않도록

·지갑과 휴대전화를 도난당하지 않도록

이라고 주의를 하고 있다.

문자·어휘

문법

독해

청해

女の人と男の人が話しています。二人は何について話していますか。

F：うわー、おいしそう。これ全部自分で作ったの？

M：うん、でもインターネットでレシピを検索して、その通りに作っただけだから簡単だったよ。それにほら、見て。おじさんが北海道からこんなに大きなかにを送ってくれたんだ。これを焼いて食べよう。

F：あー、実は私アレルギーがあって、ちょっと無理なんだ。

M：え、そうなの？

F：うん、子供の時はどんなに食べても平気だったんだけど、大人になってから急に…。ちょっとでも食べるとのどがかゆくなって、息が苦しくなるの。

M：そういえば、前にテレビでアレルギー専門の医者が話してたけど、ひどい人だとアレルギー食品に触っただけでも同じ症状が出ちゃうんだってね。

F：そうそう。かには大好きだったから、食べられるんなら食べたいんだけどね。

M：でもまぁ、仕方ないよ。

F：うん。でも本当にどの料理もおいしそう。今度私にもレシピ教えて。

二人は何について話していますか。

1　料理の作り方

2　アレルギーの症状

3　子供の時の病気

4　かにが好きな理由

・남성의 친척이 게를 보내주었다.

・여성은 알러지가 있으므로 먹지 못한다.

・어릴 때는 괜찮았지만 성인이 되고부터 알러지 증상이 나타나게 되었다.

⭐ **암**기하자!

□ 検索 : 검색

□ 息が苦しい : 호흡이 곤란하다

□ 触っただけ : 만지기만

□ 症状 : 증상

□ 仕方ない : 어쩔 수 없다

問題4

例　正答：1

> F：あれ、まだいたの？　とっくに帰っ
> 　　たかと思った。
>
> M：1　うん、思ったより時間がかかっ
> 　　　て。
>
> 　　2　うん、予定より早く終わって。
>
> 　　3　うん、帰ったほうがいいと思っ
> 　　　て。

1番　正答：3
🔊 N2_1_26

> M：がんばったところで、うまくいきっこな
> 　　いよ。
>
> F：1　いや、ぜんぜんがんばってないよ。
>
> 　　2　いや、うまくできるわけないよ。
>
> 　　3　いや、そんなのわからないよ。

～っこない :「～はずがない」의 캐주얼한 표현

2番　正答：3
🔊 N2_1_27

> F：来週の出張、部長にかわって井上さ
> 　　んが行くことになったそうです。
>
> M：1　部長になったんですか。
>
> 　　2　じゃあ、二人で行くんですね。
>
> 　　3　部長は別の仕事が入ったんです
> 　　　か。

～にかわって＝～のかわりに ~대신에

여기서는 부장이 갈 예정이었으나 부장은 가지
않고 이노우에 씨가 가게 되었다.

3番　正答：1
🔊 N2_1_28

> M：来週のミーティングは、何に関して
> 　　でしたっけ。
>
> F：1　来月のイベントについてですよ。
>
> 　　2　水曜日の3時からですよ。
>
> 　　3　3階の会議室ですよ。

～に関して＝～について ~에 관하여

4番　正答：1
🔊 N2_1_29

> F：駅前のレストラン、時間を問わず予約
> 　　がいっぱいなんですって。
>
> M：1　一日中混んでるんですね。
>
> 　　2　え、あまり人気じゃないんですか。
>
> 　　3　あ、ランチは空いているんですね。

～を問わず＝～に関係なく ~에 관계없이

5番　正答：1
🔊 N2_1_30

> M：松本さん、机の上のお茶は何用です
> 　　か。
>
> F：1　明日の会議のためです。
>
> 　　2　30本です。
>
> 　　3　昨日買ったものです。

～用＝～のための ~용

6番　正答：2　　🔊 N2_1_31

F：新しく入った川野さん、人前で話す
とき、はきはきしていますね。

M：1　かなり緊張していましたね。

　　2　ええ、聞きやすくていいですね。

　　3　あれだと遠くの人には聞こえま
　　　　せんね。

はきはきしている：밝고 분명하게 말하는 모습

7番　正答：2　　🔊 N2_1_32

F：書類のチェックは大宮くんにやっても
らってくれる？

M：1　確認はまだしてないんです。

　　2　会議のあとで頼んでみます。

　　3　はい、大宮くんにも頼まれまし
　　　　た。

서류 체크를 남성이 오미야 씨에게 부탁.

8番　正答：1　　🔊 N2_1_33

M：よかったらこれも持ってって。たくさ
んあるから。

F：1　じゃ、遠慮なく。

　　2　自分で持てばいいのに。

　　3　ほんと、重そうだね。

～てって：「～て行って」를 짧게 하는 말

9番　正答：2　　🔊 N2_1_34

M：少しぐらい古くても使えればいいん
じゃない？

F：1　やっぱり、古いだけのことはあ
　　　　るね。

　　2　そうは言っても、新しいのがい
　　　　いよ。

　　3　いや、使えないってこともないで
　　　　しょう。

남성은「少し古いが、使えるので問題ない」라
고 말했다.

10番　正答：3　　🔊 N2_1_35

F：鈴木さん、社会人なら社会人らしく
ふるまってもらわないと。

M：1　いえ、もう学生じゃないので。

　　2　はい、4月から社会人になりま
　　　　した。

　　3　すみません、これから気をつけ
　　　　ます。

⭐암기하자!

□社会人：사회인

□ふるまう：행동하다

11番　正答 : 3

🔊 N2_1_36

> M：お昼買いに行くけど、斉藤さんのも
> 　　買ってきてあげようか？
>
> F： 1　うん、お昼に買ってくるね。
>
> 　　 2　ほんと？　一緒に行ってくれる？
>
> 　　 3　いいの？　いつも悪いね。

남성은 「斉藤さんの分も（私が）買ってきまし
ょうか？」 라고 물었다.

いつも悪いね＝いつもごめんね、ありがとう

12番　正答 : 2

🔊 N2_1_37

> M：タクシー、拾いましょうか。
>
> F： 1　そうですか、残念ですね。
>
> 　　 2　あ、じゃあ反対側に渡りましょ
> う。
>
> 　　 3　それは、タイミングが悪かった
> 　　　　ですね。

「タクシーを拾う」 는 주행중인 택시를 잡는 일.

1番　正答：2　　　🔊 N2_1_39

デパートで男の店員と女の人が話しています。

M：お客様、何かお探しでしょうか。よろしければご案内いたします。

F：あ、えーと、新築祝いなんですけど。60代の上司なので、ちょっとよくわからなくて。

M：そうですね。世代を問わず人気があるのは、調理器具とか、家電とか、あとは食器類ですね。ご予算はいかほどでしょうか。

F：うーん、1万円くらいが相場ですかね。

M：では、こちらのお皿のセットはいかがでしょう。日本の若手デザイナーの作品なんです。意外と日常使いもしやすいんですよ。9,800円です。

F：へえ。色も伝統的な食器と違って、これはこれですてきですね。

M：あるいは、こちらのワイングラスのセットとか。こちらは日本に住んでいるオランダ人がデザインしたもので、価格は12,800円です。ほかに、家電ですと、コーヒーメーカーとか、ホットプレートなんかがよく出ます。海外ブランドのものだと、ホットプレートは1万円から、コーヒーメーカーは1万円台後半くらいからですね。

F：うーん、お酒がお好きなんですよね。おしゃれな方だし、ちょっと予算オーバーだけど、これをいただこうかな。

M：かしこまりました。ただいまお包みしてまいります。

女の人は何を買いますか?

1　お皿のセット

2　ワイングラスのセット

3　コーヒーメーカー

4　ホットプレート

・접시 세트

9,800엔

・와인잔 세트

12,800엔

・핫플레이트 세트

10,000엔~

・커피메이커

15,000엔~

술을 좋아하는 상사이므로 와인잔 세트를 골랐다.

문자·어휘

문 법

독 해

청 해

⭐ 암기하자!

□ 新築祝い : 집을 새로 지은 것에 대한 축하/신축 축하

□ 世代を問わず : 세대를 불구하고

□ 調理器具 : 조리기구

□ これはこれで : 이것은 이것으로써 (앞에 말한 그것과는 별도의 의미로 사용)

□ 伝統的な : 전통적인

□ 価格 : 가격

□ 1万円台後半 : 1만엔대 후반

□ おしゃれな : 멋진 / 멋을 냄

□ 予算オーバー : 예산초과

社員三人が、新しい商品について話しています。

F1：春に販売するこのブラウス、色はいいんだけど、ちょっとデザインがかわいすぎない？

F2：そうですか？　ターゲットが20代だから、悪くないと思うんですけど。でもそう言われてみるとさすがにかわいすぎるかな。

M：20代の女性って、かわいいの大好きじゃないですか。前回のリボンのついたのもよく売れたし。

F1：あれはリボンのかわいさと対照的に、デザインも色もうんと大人っぽくしたから。

F2：そもそも大人っぽい色ってどんな色？

M：暗い色とか？　要するに明るいピンクとかじゃない色ってことですか？

F2：うーん、ピンクだから子供っぽいかというと、そうとも言えないんですよねえ。色の問題じゃないのかな。**全体的にもう少しすっきりしたデザインにすれば、色はそのままでもいいかもしれない。**

M：そうですね。多少かわいらしさを残しつつ、デザインを考えるということですね。

F1：そうね。じゃあ、その方向で進めましょう。

どのような方向で進めることになりましたか。

1　大人っぽい色のブラウスを考える

2　明るい色のブラウスを考える

3　すっきりしたデザインのブラウスを考える

4　かわいらしいデザインのブラウスを考える

색은 그대로 하고 디자인은 귀여움을 남기면서 깔끔한 디자인으로 한다.

⭐ 암기하자!

□ターゲット：타겟
□対照的：대조적
□うんと：すごく　매우
□大人っぽく：어른스럽게
□そもそも：애당초

□要するに：요컨대
□全体的に：전체적으로

3番　質問1　정답：2　質問2　정답：1　🔊N2_1_41

ヨガ教室で、夫婦が説明を聞いています。

M：初心者向けのコースは、複数ございます。まず、「デイタイムコース」です。こちらは、朝8時から夕方6時までのお好きな時間に来ていただいて、レッスンを受けられるものです。予約は前日までにしていただければ大丈夫です。それから「ナイトコース」ですが、こちらは、夕方6時から夜10時の時間帯になります。やはりお勤めの方が多いので、多少予約がとりにくいかもしれません。平日は難しいということであれば、「土日コース」をお勧めします。こちらは土曜日と日曜日の朝10時から夕方4時までの間にレッスンを受けていただくものですが、ナイトコースよりは予約がとりやすくなっています。「朝ヨガコース」というのもありまして、こちらは朝7時から8時までの1時間。お仕事にいらっしゃる前に受ける方が多いですね。

F：どうする？　私は残業が多いからなあ。

M：そうだよね。僕は、ほとんど定時で帰れるから、夜でも大丈夫かな。

F：会社すぐ近くなんだから、ちょっと早起きして、ヨガやってから出勤したら？　そうしたらアフターファイブも有効に使えるじゃない？

M：まあね。でも朝はお弁当3人分作らなきゃいけないだろ。けっこう忙しいんだよ。週末は子供のサッカーがあるしなあ。

F：お弁当、いつもありがとう。私は、残業で疲れちゃって、早起きしてお弁当作るのも、ヨガ行くのも無理だなあ。

M：水曜と土曜が休みなんだから、それを利用したら？

F：そうか。じゃ、休みにゆっくり午後からレッスン受けようかな。そしたら、週末は混みそうだから平日がいいかな。

質問1　男の人はどのコースを選びますか。

質問2　女の人はどのコースを選びますか。

・데이타임코스

AM8：00 ～ PM6：00

・나이트코스

PM6：00 ～ PM10：00

・토일코스 토일

AM10：00 ～ PM4：00

・아침요가코스

AM7：00 ～ AM8：00

・남성은 아침도 주말도 바쁘다. 평일은 정시에 퇴근할 수 있다.→나이트코스

・여성은 매주 수요일과 토요일이 쉬는 날.「平日」「ゆっくり午後から」→데이타임코스

□初心者 : 초심자/초보자

□複数 : 복수

□時間帯 : 시간대

□お勤めの方＝勤めている人。근무자/회사원

□定時 : 決まった時刻。정시(대개 5시에 마치는 것을 정시라고 한다.)

□出勤する : 출근하다

□アフターファイブ : 애프터 파이브 (오후 5시 이후, 퇴근 후를 말한다.)

□有効な : 유효한

□残業 : 잔업/야근

□早起き : 일찍 일어나기

□混みそう : 번잡할 듯/붐빌 듯

제2회 해답·해설

필승합격 모의고사 해답용지

N2 言語知識（文字・語彙・文法）・読解

第2回

受験番号
Examinee Registration Number

名前
Name

問題 1

	1	2	3	4
1		●		
2				●
3			●	
4		●		
5				●

問題 2

	1	2	3	4
6	●			
7		●		
8		●		
9				●
10			●	

問題 3

	1	2	3	4
11				●
12				●
13		●		
14				●
15	●			

問題 4

	1	2	3	4
16		●		
17			●	
18				●
19				●
20				●
21			●	
22	●			

問題 5

	1	2	3	4
23		●		
24				●
25			●	
26				●
27			●	

問題 6

	1	2	3	4
28				●
29				●
30			●	
31				●
32			●	

問題 7

	1	2	3	4
33		●		
34				●
35				●
36			●	
37				●
38				●
39	●			
40	●			
41		●		
42				●
43		●		
44				●

問題 8

	1	2	3	4
45		●		
46			●	
47				●
48			●	
49				●

問題 9

	1	2	3	4
50	●			
51			●	
52				●
53	●			
54		●		

問題 10

	1	2	3	4
55			●	
56		●		
57		●		
58			●	
59			●	

問題 11

	1	2	3	4
60			●	
61			●	
62			●	
63	●			
64			●	
65			●	
66			●	
67			●	
68			●	

問題 12

	1	2	3	4
69			●	
70			●	

問題 13

	1	2	3	4
71			●	
72			●	
73				●

問題 14

	1	2	3	4
74		●		
75			●	

受験番号
Examinee Registration Number

名前
Name

〈ちゅうい Notes〉

1. くろいえんぴつ (HB、No.2) でかいて
　ください。
　Use a black medium soft (HB or No.2)
　pencil.
　(ペンやボールペンではかかないでくだ
　さい。)
　(Do not use any kind of pen.)

2. かきなおすときは、けしゴムできれい
　にけしてください。
　Erase any unintended marks completely.

3. きたなくしたり、おったりしないでくだ
　さい。
　Do not soil or bend this sheet.

4. マークれい Marking Examples

よいれい Correct Example	わるいれい Incorrect Examples
●	⊗ ◯ ◌ ◍ ◉ ⊖ ⊙

問題1

	1	2	3	4
例	①	②	●	④
1	①	②	③	●
2	●	②	③	④
3	①	②	③	●
4	①	②	③	●
5	①	②	③	●

問題2

	1	2	3	4
例	①	②	③	●
1	①	②	③	●
2	①	②	●	④
3	①	●	③	④
4	●	②	③	④
5	①	②	③	●
6	●	②	③	④

問題3

	1	2	3	4
例	●	②	③	④
1	①	②	③	●
2	①	②	●	④
3	①	②	●	④
4	①	②	●	④
5	①	②	●	④

問題4

	1	2	3
例	●	②	③
1	①	●	③
2	●	②	③
3	①	●	③
4	①	●	③
5	●	②	③
6	●	②	③
7	●	②	③
8	①	●	③
9	●	②	③
10	●	②	③
11	①	●	③
12	●	②	③

問題5

		1	2	3	4
1		①	●	③	④
2		①	●	③	④
3	(1)	●	②	③	④
3	(2)	①	②	●	④

제 2 회   채점표와 분석

		배점	정답수	점수
문자 · 어휘 · 문법	문제 1	1점 × 5 문제	/ 5	/ 5
	문제 2	1점 × 5 문제	/ 5	/ 5
	문제 3	1점 × 5 문제	/ 5	/ 5
	문제 4	1점 × 7 문제	/ 7	/ 7
	문제 5	1점 × 5 문제	/ 5	/ 5
	문제 6	1점 × 5 문제	/ 5	/ 5
	문제 7	1점 × 12 문제	/12	/12
	문제 8	1점 × 5 문제	/ 5	/ 5
	문제 9	1점 × 5 문제	/ 5	/ 5
	합 계	54점	ⓐ	/54

60점이 되도록 계산하여 봅시다.   ⓐ [   ] 점 ÷ 54 × 60 = Ⓐ [   ] 점

		배점	정답수	점수
독해	문제 10	3점 × 5 문제	/ 5	/15
	문제 11	3점 × 9 문제	/ 9	/27
	문제 12	3점 × 2 문제	/ 2	/ 6
	문제 13	3점 × 3 문제	/ 3	/ 9
	문제 14	3점 × 2 문제	/ 2	/ 6
	합 계	63점	ⓑ	/63

ⓑ [   ] 점 ÷ 63 × 60 = Ⓑ [   ] 점

		배점	정답수	점수
청해	문제 1	2점 × 5 문제	/ 5	/10
	문제 2	2점 × 6 문제	/ 6	/12
	문제 3	2점 × 5 문제	/ 5	/10
	문제 4	1점 × 12 문제	/12	/12
	문제 5	3점 × 4 문제	/ 4	/12
	합 계		ⓒ	/56

ⓒ [   ] 점 ÷ 56 × 60 = Ⓒ [   ] 점

Ⓐ Ⓑ Ⓒ 중에 48점 이하인 과목이 있다면 해설과 대책을 읽고 다시 한 번 도전합시다.
(48점은 이 책의 기준입니다.)

※이 채점표의 득점은 아스크출판 편집부가 문제의 난이도를 판단하여 배점하였습니다.

언어지식 (문자 · 어휘 · 문법) · 독해

◆ 문자 · 어휘 · 문법

※해설은 유사표현을 많이 알 수 있도록 알기 쉬운 일본어와 한국어를 병용하였습니다.

問題1

1 정답 : 1 こごえる
凍　トウ／こご-える
こご
凍える：얼다
🏷 2 おとろえる：쇠약하다
　3 煮える：삶아지다
　に
　4 震える：떨리다
　ふる

2 정답 : 4 ごうとう
盗　トウ／ぬす-む
ごうとう
強盗：강도

3 정답 : 4 そんちょう
尊　ソン
そんちょう
尊重：존중

4 정답 : 2 かつよう
活　カツ
かつよう
活用：활용
🏷 1 活躍：활약
　かつやく
　3 活動：활동
　かつどう
　4 活発：활발
　かっぱつ

5 정답 : 4 ただち
直　チョク・ジキ／ただ-ちに・なお-す・なお-る
ただ
直ちに：즉시
🏷 1 すなわち：즉
　2 たちまち：홀연/곧/금세
　3 せっかち：성급함
※「すなわち」는 [副詞] [接続詞]，「たちまち」는 [副詞]，「せっかち」는 [な形容詞] 이며 어느 것이나 「に」에 연결되지 않는다.

問題2

6 정답 : 2 性別
性　セイ・ショウ
せいべつ
性別：성별

7 정답 : 3 観測
観　カン
測　ソク／はか-る
かんそく
観測：관측

8 정답 : 1 犯した
犯　ハン／おか-す
おか
犯す：범하다

9 정답 : 2 有効
効　コウ／き-く
ゆうこう
有効：유효

10 정답 : 4 移転
移　イ／うつ-る・うつ-す
いてん
移転：이전

問題3

11 정답 : 4 無
むいみ　　いみ
無意味＝意味がない 무의미

12 정답 : 4 おき
しゅうかん　　しゅうかん
1週間おき＝2週間ごとに 1주간격＝2주마다

13 정답 : 4 副
ふくてんちょう
副店長：점장 다음 사람.
ふくしゃちょう　ふくこうちょう
별도로「副社長」「副校長」등

14 정답 : 3 費
こうつうひ
交通費：통학이나 통근, 출장 등에서 전철이나 버스 등의 교통기관에 드는 돈.

15 정답 : 1 好

好印象＝いい印象 호인상

問題4

16 정답 : 2 記念

記念 : 기념

🖋 1 記号 : 기호
3 記録 : 기록
4 記事 : 기사

17 정답 : 3 真っ赤

真っ赤 : 새빨간

怒るときは顔が真っ赤になる。こわいときは顔が真っ青になる。

🖋 1 真っ白 : 새하얀
2 真っ黒 : 새까만
4 真っ青 : 새파란

例 父が大切にしているグラスを割ってしまい、真っ青になった。

18 정답 : 3 つい

つい : 深く考えずにしてしまうこと。 무의식 중에

🖋 1 まさに : 바로
2 いかにも : 과연
4 いっそ : 차라리

19 정답 : 2 幸運

幸運 : 행운

幸運にも : 운 좋게도

「幸いにも」「幸運なことに」「運よく」라고도 한다.

🖋 1 幸福 : 행복
3 運命 : 운명
4 運動 : 운동

20 정답 : 4 すっきり

すっきり : 싹 / 말끔히

🖋 1 たっぷり : 듬뿍

2 うっかり : 깜빡
3 めっきり : 부쩍

例 最近、めっきり寒くなった : 요즘 부쩍 추워졌다

21 정답 : 1 接続

接続 : 접속

🖋 2 連続 : 연속

22 정답 : 2 換気

換気 : 환기

問題5

23 정답 : 1 話さないで

だまる＝何も言わない 침묵하다

24 정답 : 3 うるさくて

さわがしい＝うるさい 시끄럽다

25 정답 : 2 問題

さしつかえがない＝問題がない 문제없다

26 정답 : 2 はっきりしない

あいまい＝はっきりしない 애매하다

27 정답 : 2 だんだん

次第に＝だんだん 점차로

問題6

28 정답 : 4 今週は予定がぎっしりつまっている。

ぎっしりつまる : 빡빡하다 / 가득차다

🖋 1 雨にぬれて服がびっしょりだ。

びっしょり : 흠뻑
3 父は私の話をしっかり聞いてくれた。

29 정답 : 2 アイさんはよく遅刻するが、いつも平気な顔をしています。

平気な：태연한

🏷 1 戦争のない平和な世界になることを望んでいる。
　　平和な：평화로운

　　3 …この季節としては平均的な気温です。
　　平均的な：평균적인

30 정답 : 2 兄は買ったばかりの携帯電話をもう使いこなしている。

使いこなす：잘 다루다

31 정답 : 3 このページ数をざっと読むなら、1時間くらいだ。

ざっと読む⇔ていねいに読む

대충 읽다⇔주의 깊게 읽다

🏷 2 用事ができたので、さっさと帰った。

さっさと：ほかのことをしないで、早く行動する様子。　재빨리

32 정답 : 4 新しい社長が就任のあいさつを行った。

就任：취임

🏷 3 僕はこの会社に絶対就職したい。
　　就職：취업

問題7

33 정답 : 1 ものなら

～ものなら＝（たぶん～できないが）　～できるなら　～면/～(할)것 같으면

34 정답 : 4 つつ

～つつ＝～ているのに　～하지만

※「思いつつ」「知りつつ」「気になりつつ」「言いつつ」의 형태로 자주 사용된다. 後悔（후회）의 마음이 포함되는 경우가 많다.

例 部長は「自由にやりなさい」と言いつつ、すべてのことに口を出してくる。

※「～つつ」에는「～하면서」의 사용법도 있다.

例 社内の状況も考えつつ、取引先とも話し合って決めた。

35 정답 : 3 からして

～からして＝～からすると／～からみて　～로 보아

36 정답 : 1 ばかりに

～ばかりに＝～せいで　～때문에/～바람에

37 정답 : 4 どころじゃない

～どころではない＝～できる状況ではない

38 정답 : 2 ようで

～ようで＝一見～ようで、実際は（일견）～같지만（사실은）

39 정답 : 4 ことだから

[名詞]のことだから＝[名詞]だからきっと
화자와 청자가 모두 잘 아는 인물에 대하여 그 사람의 성격과 평소의 행동 등으로부터 판단한 것을 말하는 표현.

40 정답 : 4 に限り

～に限り＝～だけは特別に　～에 한하여

41 정답 : 1 くせに

～くせに＝（불만을 가지고）　～주제에

42 정답 : 2 走り出した

～たとたん＝～とすぐに　～한 순간

43 정답 : 4 にともない

AにともないB＝AにともなってB：A가 변화하면 B도 변화한다는 것을 나타낸다.

44 정답 : 2 はじめ

[名詞]をはじめ＝[名詞]를 대표적인 예로 하여（비롯하여）

問題8

45 정답 : 3
…子供のころから何か　2につけ　4私　3に対して　1文句　を言う。
～につけ＝～と、いつも ～에 관련하여 항상
何かにつけ＝どんなことにでも・どんな場合でも

46 정답 : 1
服を買いに行ったが、2どれに　4しようか　1迷った　3あげく　何も買わなかった。
～あげく＝～した結果 ～한 결과
여러가지 했지만 결국 안됐을 때의 표현.
※「～」에는 [動詞のた形] 및 [名詞＋の] 가 들어간다.

47 정답 : 3
やっと梅雨が明けて、ようやく外で運動できると　4思ったら　1暑すぎて　3ランニング　2どころじゃ　なくなった。

48 정답 : 3
…お金を自由に使えなくなる　4くらい　2なら　3独身で　1いたほう　がましだ。
Aくらいなら Bほうがましだ／ほうがいい：「AよりBがよい」라는 것을 나타낸다.

49 정답 : 1
山を　2のぼりきった　3ところで　1言葉にできないほど　4美しい景色が　見え、感動のあまり涙が出ました。
～たところで：～したら／～した結果 ～한 결과
言葉にできないほど：말로 할 수 없을 정도로

問題9

50 정답 : 1 するのに対して
～のに対して：대비되는 두 개의 것을 나란히 나타내는 데 사용된다. 여기서는 「フードドライ

ブ」 와 「フードバンク」 를 나열하여 그 차이에 대해 설명하고 있다.

51 정답 : 3 ないにもかかわらず
～にもかかわらず＝～のに ～임에도 불구하고

52 정답 : 4 ほど

53 정답 : 2 せざるを得ない
～ざるを得ない＝～なければならない
～하지 않을 수 없다

54 정답 : 1 わけではない
わけではない：(반드시)～하는 것은 아니다

문자・어휘

문법

독해

청해

問題10

(1) 55 정답 : 4

　人間というものは、自分のために働く時に生き生きしてくる。それが証明された。

　強いられて行う残業は自分を滅ぼすものなのだ。

　しかし、強いられずにやる残業は疲れないし、楽しい。自分のためにやっているから残業だという実感もない。私が残業をしても疲れなかった時代は、自分が会社とともに伸びているという実感があったからだ。たとえ錯覚であっても身体は熱を発するほど元気だった。

　今、作家になって原稿を書く時、深夜になっても残業だなどという意識はない。

★ 암기하자!

□生き生きする : 생기가 넘치다

□証明する : 증명하다

□強いる : 강요하다

□～ずに : ～ないで ～하지 않고

□滅ぼす : 망치다/멸망시키다

□実感 : 실감

□伸びる : 발전하다/신장하다

□錯覚 : 착각

□発する : 발하다/발생하다

□原稿 : 원고

□意識 : 의식

강요당하지 않고 (=자신을 위해서) 하는 잔업을 고른다. 선택지1「上司の命令で」、2「仕方なく」、3「悪いと思い」은 틀렸다.

(2) 56 정답 : 1

以下は、家のポストに入っていたチラシである。

●不用品回収お知らせ●

10月4日（木）こちらの地区に回収に参ります。

当日午前8時半までに、**3このチラシとともに、**不用品を道路から見える場所にお出しください。晴雨に関わらず、回収いたします。

　無料で回収させていただくものは、**2・4エアコン、冷蔵庫、洗濯機、テレビ以外の家電製品**とフライパンやなべなどの金属製品です。こわれていてもかまいません。

　1パソコンと家具、自転車は有料で回収いたします。有料回収品については、当日、ご自宅まで取りにうかがいますので、**1前日まで**に、下記へご連絡ください。

Yリサイクル　03-1234-5678

---

3 전단지를 함께 버릴 필요가 있다.

2・4 TV는 유료 회수품이므로 연락이 필요. 반대로 청소기는 무료 회수품이므로 연락은 필요없다.

1・2 컴퓨터는 유료 회수품이므로 회수 전날 (10/3) 까지 전화를 건다.

⭐암기하자!

☐不用品 : 불용품
☐回収 : 회수
☐当日 : 당일
☐~に関わらず : ~に関係なく ~에 관계없이
☐家電製品 : 가전제품
☐かまわない : 問題ない 상관없다/문제없다
☐金属 : 금속
☐下記 : 하기

문자・어휘

문법

독해

청해

(3) 57 정답 : 4

人間は不完全なものです。医者も新発明の薬も全能ではありません。医者に見放された患者が、信心して健康になった例もあります。

しかしそれを信心したから霊験で救われたと短絡して考えるのはどうでしょう。

医者に見放された患者は絶望的です。絶望のなかでこそ人のはからいの外のものにすがる素直で純な心が生まれ、心の絶望に光りがさし、生きようとする活力が生まれます。人間に眠っていた自然治癒力が活発になってくるのです。

⭐암기하자!

- □完全 : 완전 ⇔ 不完全 : 불완전
- □見放される : 포기되다 / 버려지다
- □信心する : 기원하다 / 믿다
- □絶望的 : 절망적
- □はからい（＝計らい） : 재량 / 능력

문장의 내용

· 신이나 부처를 믿는 사람이 건강해지는 경우가 있다

· 그것은 신이나 부처의 불가사의한 힘에 의한 것이 아니다

· 절망→신이나 부처를 믿는 솔직하고 순수한 마음→살고자 하는 활력

선택지2는 절망이 직접, 자연치유력을 활발하게 하는 것은 아니므로 ✕.

(4) 58 정답 : 1

以下は、社内文書である。

3月4日

総務課

社員各位

ノー残業デーのお知らせ

次年度を迎えるにあたって、経費削減のため、毎週金曜日はノー残業デーとし、全社員18：30までに退勤するようお願いします。また、各部署で仕事をより効率的に行えるよう、これまでの仕事のやり方を見直し、できるだけ定時で退勤できるようにしてください。また、ペーパーレス化を徹底するため、不必要な印刷やコピーは避け、パソコンでデータ共有できるものはパソコン上で閲覧するなど、資料のデジタル化も心がけてください。よろしくお願いします。

문장의 내용

· 노 잔업 데이

· 페이퍼리스화, 자료 디지털화

→비용을 억제하다

※「ノー残業デー」는 no残業day. 잔업을 하지 않기로 정한 날

※「〜レス」는 -less. 〜なしで。페이퍼리스화는 서류를 인쇄하지 않고 종이의 사용을 줄이는 것.

⭐암기하자!

□年度(ねんど) : 회계연도(일본에서는 4월부터 다음해 3월까지가 대부분)「次年度(じねんど)」는 다음 회계연도

□~にあたって : ~するときに ~에 즈음하여/~에 있어서

□効率的(こうりつてき)に : 효율적으로

□定時(ていじ) : 정시(정해진 퇴근시간. 일본에서는 주로 오후 5시가 퇴근시간)

□徹底(てってい)する : 철저하다

□印刷(いんさつ) : 인쇄

□パソコン上(じょう)で=パソコンの画面(がめん)の上(うえ)で 컴퓨터 화면 상에서

□~化(か) : ~화

□デジタル化(か) : 디지털화

□コスト : 코스트/비용

(5) [59] 정답 : 1

> われわれは、モノやコトが単独(たんどく)でリアリティをもつと考(かんが)えがちだが、**他(ほか)のモノやコトとの関係性(かんけいせい)の方(ほう)が重要(じゅうよう)**なのかもしれない。お金(かね)だってそうだろう。お金(かね)が**単独(たんどく)で価値(かち)（リアリティ）をもつわけではない**。もし単独(たんどく)で価値(かち)をもつならば、ゲームで使(つか)われるおもちゃのお金(かね)だって、本物(ほんもの)のお金(かね)と同(おな)じように価値(かち)をもつ可能性(かのうせい)がある。実際(じっさい)にはお金(かね)の価値(かち)は、他(ほか)の国(くに)のお金(かね)、株価(かぶか)やエネルギー埋蔵量(まいぞうりょう)など**数(かぞ)え切(き)れないほどのモノやコトとの関係(かんけい)で決(き)まってくる**。

⭐암기하자!

□われわれ : 「私(わたし)たち」의 딱딱한 표현

□モノやコト : 물건과 일

□考(かんが)えがち : 생각하게 마련

□単独(たんどく) : 단독

□わけではない : 것은 아니다

□関係性(かんけいせい) : 관계성

□価値(かち) : 가치

□可能性(かのうせい) : 가능성

□実際(じっさい)に : 실제로

□エネルギー : 에너지

□選挙(せんきょ) : 선거

밑줄 부분의 의미를 몰라도 다른 곳에서 다른 말로 바꾸어 말하고 있는 것이 힌트가 된다.

_____ 을 힌트로 하여 다른 물건이나 일과의 관계가 가치를 정하는 선택지를 고른다. 1은 우승하여도 다른 사람에게 이기지 않아 의미가 없기 때문에 이것이 정답.

問題11

(1) |60| 정답：3　|61| 정답：2　|62| 정답：1

知人の例を挙げる。彼は分厚く難易度の高いある翻訳本をそれこそ数年がかりで訳して出版した。その間は、つき合いも一次会までと決め、二次会、三次会は断るというスタンスで通した。そのため、ちょっとつき合いの悪い人と思われていたわけだが、ある種の**60ライフワークとして彼はその翻訳に取り組むことにした。**年齢的にはもう五十の坂を超えた彼が、なお生きがいとして①そのような孤独のひとときを大切にしていたことを知ったとき、②私は素直に感動した。

61一人きりの時間を利用して、一人でしかできない世界を楽しむ。これができれば、四十代、五十代、六十代と年齢を重ねたときにも充実した日々が待っている。人といても楽しい。一人になっても充足できる。だが、それはある程度若いうちに孤独になる癖、つまり孤独の技を身につけておかないと、できないことなのだ。

仲間とつるんで日々を安楽に過ごしてきただけの人間は、急に一人になったときに寂しくてやり切れないだろう。そもそもやることが見つからないかもしれない。そうなると、飲み屋の常連として入り込み、「いつものやつ」「あれ、お願い」というとすっと好みの酒や肴が出てくることが喜びというような、発展性のない楽しみが人生の目的になってしまう。顔が利く飲み屋でひとしきり常連同士で会話を重ね、帰ったら眠るという人生は、**62孤独とは無縁かもしれないが、果たして「私は十分に生きた」という手応えが残るだろうか。**

60　① 직전의「生きがいとして」, 그 앞 문장의「ライフワークとして…翻訳」라고 되어 있다.

61　제1단락에서 지인의 예를 소개하고 제2단락에서 자신이 감동한 것과 의견을 말하고 있다.

62　「果たして～か」는 의문형으로 반대의 것을 강조하고 있다.「孤独と縁がない 사람은, 人生에 手応え가 남지 않는다. 孤独한 시간이 人生을 充実시킨다」라고 필자는 말하고 있다.

⭐암기하자!

□訳す：번역하다
□通す：통하게 하다
□なお：더욱
□重ねる：거듭하다
□ある程度：어느 정도
□つるんで：어울려서
□そもそも：애초에／처음부터
□すっと：쑥／지체 없이／바로
□肴：안주
□目的：목적
□果たして：과연／역시

(2) 63 정답：1　64 정답：3　65 정답：3

---

63 人間が成長するのは、なんといっても仕事だと思うんです。仕事とは、イヤなことも我慢して、他人と折り合いをつけながら自己主張していくことでもある。ずっとその試練に立ち向かい続けている人は、人間としての強さも確実に身につけていきます。

家庭生活や子育てで人間が成長するということ自体は否定しません。しかし、それは仕事での成長の比ではない。(中略)仕事でイヤなことにも堪えていく胆力を鍛えていれば、子どもが泣いたくらいでうろたえない人間力は自然に身についているのです。(中略)

女性も働き続けたほうがいい理由は、精神論に拠るだけではありません。少なくとも私にとっては、人が稼いできたお金に頼って生きていく人生は考えにくい──自分の欲しい物を、自分の稼いだお金で買えるということは、当たり前に必要なことなんです。

もちろん、それは万人の感覚ではないでしょう。「自分が家庭をしっかり守っているから、夫は何の心配もせずに仕事ができる。だから私は養われて当然なのだ」と考える人がたくさんいるのも知っていますし、それを否定する気は毛頭ありません。でも、自分の食い扶持は自分で稼ぎ、もしも、64 夫といるのがイヤになったらすぐに離婚できる経済状況の中で結婚生活を続けているからこそ確認できる、夫婦の愛情ってあると思うんです。

---

63 「人間が成長するのは」「仕事」、「仕事とは、イヤなことも我慢」しながら 강함을 몸에 익히는 것이라고 되어 있다.

64 직전 문장에 주목하여 의미가 가까운 선택지3을 고른다.

65 전체를 통하여 인간이 가장 성장할 수 있는 것은 일이며 육아로도 성장은 하지만 일이 더 중요하다고 말하고 있다.

⭐암기하자!

□我慢する : 참다 / 자제하다
□折り合い : 타협 / 인간관계
□自己主張する : 자기주장하다
□確実に : 확실히
□否定する : 부정하다
□堪える : (여기서는 「耐える、我慢する」의 의미) 견디다 / 참다
□胆力 : 담력
□うろたえ : 당황
□感覚 : 감각
□養う : 기르다
□食い扶持 : 생활비
□状況 : 상황

제2회

문자·어휘

문법

독해

청해

(3) 66 정답 : 1　67 정답 : 4　68 정답 : 2

　子供たちを「～ちゃん」や「～君」ではなく、みんなが集まる場や掲示物などでは「～さん」と呼ぶ保育園がある。そこには、**66子供たちを一人の個人として尊重し、互いに対等な立場で接したいという方針**があるのだそうだ。そして園長先生自身も子供たちに「～さん」と呼んでほしいとお願いしているそうだ。確かに日本語では「～ちゃん」「～君」「～さん」「～先生」「～様」「～氏」など、時と場合、また互いの距離感、人間関係に応じていろいろな呼び方をする。しかし、それによって、**67呼ばれる方は知らず知らずのうちに、その呼ばれ方のイメージに合わせて行動する**のではないだろうか。すなわち、子供たちは「～ちゃん」「～君」と呼ばれることで、「子供」として周囲と接し、周囲も彼らを「子供」として扱うのである。

　こんな話も聞いたことがある。ある病院では、ある時から患者を「～さま」と呼ぶようになった。すると、患者の中には、横柄で暴力的になる人が現れ、その後、「～さん」という呼び方に戻したところ、彼らの態度も元に戻ったというのである。

　言葉を使っているのは、もちろん私たち人間だが、**68一方で私たち人間自身が言葉に使われている側面もあるのである。**

66　「一人の個人として尊重する」라는 것은 「子供らしく」「大人のように」라는 것이 아니라 한 사람의 인간으로서 대하는 것

67　불리는 쪽이 이미지에 맞추어 행동하도록 되었다 = 환자가 「～さま」라고 불리는 말에 맞추어 잘난체 하게 되었다.

68　밑줄 부분 앞에 「一方で」라고 되어 있으므로, 또한 앞에 반대인 것이 쓰여 있는 것을 알 수 있다. 「人間が言葉を使う」의 반대되는 선택지 2가 ○.

⭐**암**기하자!

□尊重する : 존중하다

□対等な : 대등한

□接する : 접하다 / 대하다

□自身 : 자신

□距離感 : 거리감

□人間関係 : 인간관계

□知らず知らずのうちに : 自分でも気づかない間に 부지불식간에

□イメージ : 이미지

□行動する : 행동하다

□周囲 : 주위

□扱う : 다루다

□横柄 : 건방짐 / 거만함

□暴力的 : 폭력적

□甘やかす : 응석을 받아주다

問題12

69 정답 : 2　**70** 정답 : 4

A

自分で車を持たずに、必要なときだけ借りたり、1台の車を多くの人と共有したりする人が増えている。特に、最近の10代から20代の若者は、以前の若者に比べて、車をほしいと思わないと考える人が、半数近くいるという調査結果もある。

車を持つと、車を買う費用だけでなく、保険料やガソリン代、整備費用などさまざまな費用がかかる。その上、都会では車の必要性も低いし、むしろ車のほうが渋滞に巻き込まれるから不便だともいえる。しかし、以前のように、**70自分の憧れの車を買うために、一生懸命働いて、お金を稼ごうと考える**若者が減り、必要最低限のお金さえあれば良いと考える若者が増えているのは、**69社会から活気がなくなっていくようで、寂しい**気がする。

70 A에는 「物欲」라는 말이 없으므로 바꿔 말하고 있는 부분을 찾는다.

69 A 외롭다→안타깝다, B 똑똑한 선택→합리적

B

最近の若者は、昔より物欲がなくなっているようだ。昔は、給料をもらったら、あれを買いたいとか、貯金して憧れの車に乗りたいとか思ったものだ。しかし、今は車など買わなくてもいいと思っている若者も多いそうだ。

車を持つには、お金がかかる。都会に住んでいれば、車がなくても、十分に生活ができるのだから、車以外に、お金をもっと有効に使いたいという考えもある。確かに、**70物欲は働く原動力になる**だろう。しかし、物を持つことばかりにこだわらずに、家族や友人と過ごす時間や、趣味や勉強などの経験にお金を使ったほうが豊かな人生を送れるのかもしれない。そう考えると、最近の若者が車を所有しないことも**69賢い選択といえる**だろう。

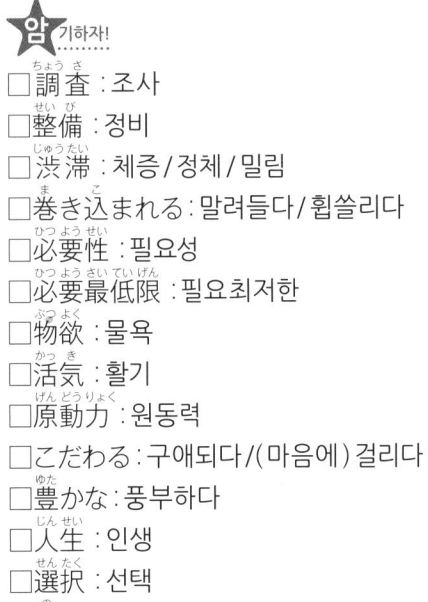

□ 調査 : 조사

□ 整備 : 정비

□ 渋滞 : 체증 / 정체 / 밀림

□ 巻き込まれる : 말려들다 / 휩쓸리다

□ 必要性 : 필요성

□ 必要最低限 : 필요최저한

□ 物欲 : 물욕

□ 活気 : 활기

□ 原動力 : 원동력

□ こだわる : 구애되다 / (마음에) 걸리다

□ 豊かな : 풍부하다

□ 人生 : 인생

□ 選択 : 선택

□ 述べる : 말하다 / 서술하다

□ 合理的 : 합리적

□ 意欲 : 의욕

問題13

71 정답 : 3　**72** 정답 : 1　**73** 정답 : 4

とかく人は、相手に好意を抱けば抱くほどに、自分の気に入る方向にその人を導き寄せたいと望みます。付き合い始めた最初の頃こそ、相手のことを知らないから、「ああ、この部分は自分と似ているな。ほほお、こういうところは自分とぜんぜん違うな」などと客観的に解釈する余裕がありますが、しだいに互いの付き合いの距離が近くなるにつれ、**71自分の気に入るところに重点を置き、許容できない部分はあえて目に入れず、全面的に気が合っているという錯覚を持ち始める。**ところがある日、自分の許容を超えた行動を相手がしたとします。

　たとえば、仲良しのマルコちゃんがちょっと不良っぽい仲間と遊び出したとします。大丈夫かしら、あんな連中と夜遅くまで遊んで。昔はあんなことするマルコちゃんじゃなかったのに。心配のあまり、マルコちゃんを呼び出して、

　「あんな連中と仲良くするなんて、ぜったいあなたらしくない！やめたほうがいいと思う」

　それは友達として正しい助言だったかもしれません。でもその助言をする際に、「あなたらしくない」と言われたマルコちゃんは、心外に思うでしょう。

　72いったいあなたがどれほど私のことを知っているというの？不良っぽいとあなたが言う彼らのことだって、ぜんぜん知らないくせに。つき合ってみたら本当に仲間を大事にするいい人ばかりよ。私は彼らといるときのほうが、あなたと真面目ぶっているときより、はるかに自分らしいと思っているの。勝手に決めつけないで」

　なんだか青春映画のような展開になってまいりましたが、**73つまり私が言いたいのは、他人が他人のことを百パーセント理解するなんて、不可能ということです。**自分のことすら理解できないのに、他人のすべてを知ったつもりになってはいけないと思うのです。

　「お、あんな意外性があったのか。真面目そうな顔して、案外、剛胆な人だったのね」

　そう驚くのは自由です。そして自分の知らない危険な世界へ引き込まれていく親友がどうしても心配なら、

　「気をつけてね。私、心配してるのよ」と自分の気持をストレートに伝えるほうがいいと思います。「あなたらしくない」という言葉は、驕った印象を相手に与えかねません。それがその人「らしい」か「らしくない」かは、所詮、他人にはわかりゃしないんですから。

---

71 처음엔 상대를 객관적으로 보는 여유가 있지만 점점 주관적으로 된다.

72 밑줄 부분 바로 뒤의 「　」가 힌트가 된다.

73 「つまり私が言いたいのは」의 뒤에 필자가 가장 말하고 싶은 것이 쓰여 있다.

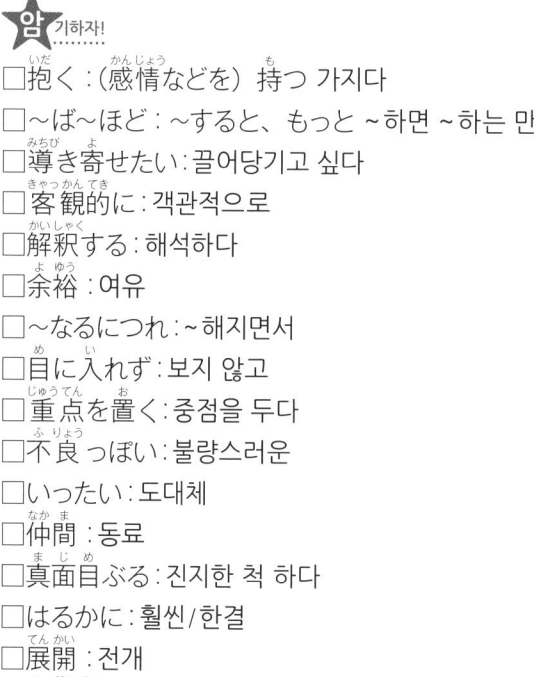

□抱く:(感情などを) 持つ 가지다

□~ば~ほど:~すると、もっと ~하면 ~하는 만큼

□導き寄せたい:끌어당기고 싶다

□客観的に:객관적으로

□解釈する:해석하다

□余裕:여유

□~なるにつれ:~해지면서

□目に入れず:보지 않고

□重点を置く:중점을 두다

□不良っぽい:불량스러운

□いったい:도대체

□仲間:동료

□真面目ぶる:진지한 척 하다

□はるかに:훨씬/한결

□展開:전개

□意外性:의외성

□案外:뜻밖에

□剛胆:대담/호담

□印象:인상

問題14

74 정답 : 3　**75** 정답 : 2

健康診断のおしらせ

市では国民健康保険の加入者を対象に、年に1回、定期健診を実施しています。糖尿病などの生活習慣病の予防のためにも、健診を受けることをお勧めします。

対象	自己負担額	検査項目
40歳〜74歳の国民健康保険に加入している方	600円	身体測定・視力・聴力・尿検査・心電図・血液検査・血圧・レントゲン検査 ＊別途1,000円で胃ガン検査ができます。

受診方法

●要予約（受診を希望する医療機関に直接お申込みください。）
●検査当日は、保険証が必要です。
●所要時間はおよそ90分です。
●検査結果は、受診した医療機関を通じて、3週間から4週間以内にお知らせします。
●胃ガン検査を受診される方は、検査前日21時以降は絶飲食でお願いします。

受診場所

●実施日や時間帯は、各医療機関によって異なりますので、ご希望の医療機関にお問い合わせください。（受診可能な医療機関は市のホームページで確認できます。）
●平日のみ各町の健康センターでも受診できます。
　青木町（9：00〜11：00）黒木町（12：30〜14：30）緑町（14：00〜16：00）
　※上記の時間は受付時間です。
　※事前に問診票などを送付しますので、受診希望の3週間前までに各町の健康センターに電話でご連絡ください。
　※黒木町では胃ガン検査を実施しておりません。
●市の健診センターでは、土曜日と日曜日の健診を受け付けております。
　※4週間前までに市の健診センターに、電話またはインターネットの申込ページより予約してください。
　※申し込み状況によっては、ご希望の日に受診できない場合もございます。
　　c：＜土曜日＞9時から12時まで（受付は11時まで）
　　　　＜日曜日＞13時から16時まで（受付は15時まで）
実施日は、月によって替わります。5月と6月の実施曜日は下記の通りです。

5月	第2・第4土曜日	第1・第3日曜日
6月	第1・第2土曜日	第3・第4日曜日

74 평일 오후에 받을 수 있는 것은 黒木町와 緑町의 건강센터. 하지만 黒木町에서는 위암검진은 하지 않는다.

75 시의 검진센터에서는 토요일은 오전중만 운영한다. 각 마을의 건강센터는 평일만 운영한다. 그러므로 의료기관에 문의가 필요.

⭐암기하자!

□実施する : 실시하다
□時間帯 : 시간대
□受診 : 수진 / 진찰을 받음
□医療機関 : 의료기관
□異なる : 다르다
□上記 : 상기
□事前に : 사전에
□送付する : 송부하다
□健診実施時間 : 건강진단 실시시간

제2회

문자·어휘

문법

독해

청해

099

問題1

例　정답：3

◀))N2_2_03

病院の受付で、女の人と男の人が話しています。男の人はこのあとまず、何をしますか。

F：こんにちは。

M：すみません、予約はしていないんですが、いいですか。

F：大丈夫ですが、現在かなり混んでおりまして、1時間くらいお待ちいただくことになるかもしれないのですが…。

M：1時間か…。大丈夫です、お願いします。

F：はい、承知しました。こちらは初めてですか。初めての方は、まず診察券を作成していただくことになります。

M：診察券なら、持っています。

F：それでは、こちらの書類に症状などをご記入のうえ、保険証と一緒に出してください。そのあと体温を測ってください。

M：わかりました。ありがとうございます。

男の人はこのあとまず何をしますか。

□大丈夫：괜찮다/문제 없다
□混んでおり：붐비고 있어서
□承知しました：잘 알았습니다
□診察券：진찰권
□症状：증상
□保険証：보험증
□体温：체온

電話で母親と息子が話しています。息子はこのあとまずどうしますか。

F：あ、もしもし、お母さんだけど…。

M：何？　どうしたの？

F：来週、おじさんとおばさんがこちらに遊びに来るって言ってたじゃない？　それがね、予定が変わって、今晩こちらに来るんだって。

M：ええ？　すごく急だな…。じゃあ今晩はうちに泊まるの？　**1もし泊まるんだったら、掃除しないと。**

F：ううん、今日はホテルに泊まって、明日うちに遊びに来るんだって。悪いんだけど、**2今日大学に行った帰りに、おいしそうなお菓子、買ってきてくれない？**

M：うん、わかった。

F：明日からはうちに泊まるらしいから、お客様用の布団と枕、二人分出しておいて。

M：ええ、**3お客用の布団なんてどこにあるかわかんないよ。**

F：**もう。じゃあ、いいわ。**あ、それと、**4雨が降りそうだから洗濯物、中にとりこんでおいて。**

M：はいはい。

F：お母さんは5時くらいに帰るから、とにかくよろしくね。

息子はこのあとまずどうしますか。

1　묵는 것은 내일이므로 바로 청소하지 않아도 된다.

2　대학에서 집으로 돌아가는 길에 과자를 산다.

3　손님용 이불은 어디에 있는지 모르므로 꺼내지 않는다.

4　○

⭐암기하자!

□洗濯物をとりこむ：밖에서 말리는 세탁물을 집 안으로 거두어 들이는 일

□とにかく：어쨌든

女の人と男の人が引っ越しのときのベッドの処分について話してい
ます。男の人は、このあとまずどうしますか。

F：金山くん、引っ越しの荷造り、全然、進んでないじゃない。

M：今、一生懸命やってるところ。

F：大変だね。ねえ、このベッドどうするの？

M：粗大ごみに出すよ。引っ越し会社に聞いたら、ベッド1つ運ぶの
に追加料金が1万円かかるって言われちゃってさ。それなら新
しいベッドを買ったほうがいいかなって思って。

F：えー、使えるのにもったいないね。リサイクルショップに売ったら
どう？

M：**3この前、リサイクルショップには電話したよ。** そうしたらさ、ベ
ッドは大きすぎるので、引き取れませんって言われちゃったんだ。

F：無料だったらほしい人がいるんじゃない？　ほら、このサイト見
て。いらないものの写真を撮ってこのサイトにアップすると、ほ
しい人からメッセージが来るの。

M：へー、そんな便利なサイトがあるんだ。全然知らなかった。

F：**4私がこのベッドの写真を撮って、サイトにアップしてあげる。** 金
山くんは続きをやったら？

M：そうだね。ありがとう。

男の人は、このあとまずどうしますか。

1　○

2　대형 쓰레기로 버리
려고 생각했지만 여성에
게 저지되었다.

3　이미 전화했다.

4　여성이 해 준다.

⭐ **암**기하자!

☐処分：처분
☐荷造り：짐 싸기
☐粗大ごみ：대형쓰레기
☐引っ越し会社：이삿짐 센터
☐リサイクルショップ：리사이클 샵
☐サイトにアップする：사이트에 업로드 하다

レストランで、店長と女の店員が話しています。店長はこのあとまず
何をしますか。

M：あ、関口さん。すみません、今ちょっと、いいですか?

F：はい。何ですか。

M：明日、団体のお客様からご予約いただいたんですけど、人手が
　　足りないんです。もし、さしつかえなければ、明日、入っていた
　　だけますか。7時からなんですけど。

F：ああ、申し訳ないんですけど、明日は大学の授業があって、7時
　　には間に合わないんです。8時なら、間に合うと思うんですけど。

M：そっかあ。それは仕方ないですね。明日入れそうな人、心当た
　　りありませんか。みなさんにも、**1メールはしてみたんですけど、**　　　—— **1**　이미 부탁했다.
　　誰からも返事がなくて……。

F：木村さんはどうですか。木村さん、明日は午前の授業しかないと
　　思いますよ。

M：それが、**2木村さんは明日の午後から旅行で、こっちにいないらし**　　　—— **2**　기무라 씨는 여행
　　くて……。　　　　　　　　　　　　　　　　　　　　　　　　　　　　중.

F：他の店舗から、誰かに来ていただけないんですか。

M：そうですね。空いている人がいないか、聞いてみてもいいんです
　　けど。でも、今はどの店も忘年会シーズンで忙しいから、言いに
　　くいんですよねぇ。

F：ええ、誰か来てくれるかもしれないので、**3聞くだけ聞いてみたら**　　　——
　　どうですか。私も8時に来ますよ。　　　　　　　　　　　　　　　**3**　○

M：うん、じゃあ、そうします。忙しいところ、すみません。　　　　　**4**　이야기에 나오지 않
　　　　　　　　　　　　　　　　　　　　　　　　　　　　　　　　는다.
店長はこのあとまず何をしますか。

⭐**암**기하자!
□ 団体（客）：단체(손님)
□ 人手：일 손
□ さしつかえなければ：問題がなければ 문제가 없다면
□ 入る：여기서는「バイトをする」라는 뜻
□ 心当たり：짐작 가는 곳

□忘年会：망년회/송년회
□シーズン：시즌,「忘年会シーズン」은 망년회가 자주 열리는 시기. 12월

4番　正答：2　　　　　　　　　　　　　　◀ N2_2_07

会社で男の人が新入社員に会社について説明しています。新入社員は明日の朝、会社に来たらはじめに何をしなければなりませんか。

M：ここが明日から安田さんに来てもらう部署です。**1朝来たらまず、出勤時刻を記録します。** まず各自のパソコンをつけて、IDとパスワードを入力してログインすれば、自動的に出勤時間が記録されます。安田さんには明日、ログインの方法とID、パスワードを教えますから、**1明日の朝はしなくてけっこうです。** それから、うちの部署では朝の仕事が始まる前に、**2机や窓を拭いたりする掃除の時間を設けています。** それが終わったら、**3社員全員で朝礼といって、** 今日の仕事内容のチェックやスケジュールの確認などを行います。そのとき、安田さんには**4部署のみんなに自己紹介**をしてもらおうと思っています。では、明日からよろしくお願いします。

新入社員は明日の朝、会社に来たらはじめに何をしなければなりませんか。

1 내일은 하지 않아도 된다.

2 ○

3・4 청소 후 조례에서 한다.

⭐ 암기하자!

□部署：부서
□出勤時刻：출근시간
□記録する：기록하다
□各自：각자
□ログイン：로그인

5番　정답：4

🔊 N2_2_08

会議室で男の人と女の人が明日の会議の準備をしています。女の人はこのあと何をしますか。

M：明日の会議の準備、どれくらい進んでる？

F：机といすはすべて並べ終えたところです。それから、パソコンがちゃんと動くかのチェックをしようと思っています。

M：パソコンってこのパソコンのこと？　実はさっき高橋君から、**1明日の会議では自分のパソコンを使うから、そちらで用意していただかなくてけっこうですって連絡があったんだ。**だからそれはいいよ。

F：そうなんですね。でもパソコンとスクリーンをつなぐケーブルは必要ですよね。

M：うーん、それも高橋君が持ってくるとは思うけど、念のためここに置いておいて。あ、ケーブルは印刷室の棚にまとめておいてあるから。

F：わかりました。じゃあ、印刷室に資料を取りに行くついでに取ってきます。

M：**3資料は何部印刷したの？**

F：**予備もあわせて100部です。**

M：重くて、女の人じゃ大変だな。じゃあ、**2僕が印刷室に行って全部取ってくる**から、この**4ペットボトルの飲み物、全部机の上に並べておいて。**

F：ありがとうございます。助かります。

女の人はこのあと何をしますか。

1　다카하시 군이 한다.

3　이미 인쇄했다.

2　케이블은 인쇄실의 선반에 놓여있다. 남성이 자료와 함께 가져온다.

4　○

⭐암기하자!

□念のため：만약을 위해

□けっこうです：좋습니다/괜찮습니다

□予備：예비

제2회

문자·어휘

문법

독해

청해

105

問題2

例　正答：4

テレビ番組で、女の司会者と男の俳優が話しています。男の俳優は、芝居のどんなところが一番大変だと言っていますか。

F：富田さん、今回の舞台劇『六人の物語』は、すごく評判がよくて、ネット上でも話題になっていますね。

M：ありがとうございます。今回は僕の初舞台で、たくさんの方々に観ていただいて本当にうれしいです。でも、まだまだ経験不足のところもあって、いろいろ苦労しました。

F：動きも多いし、かなり体力を使うでしょうね。

M：ええ。セリフもたくさんおぼえなきゃいけないから、つらかったです。

F：そうですよね。でもすごく自然に話していらっしゃいました。

M：ありがとうございます。空いている時間は全部練習に使ったんですよ。でも、間違えないでセリフを話せたとしても、キャラクターの性格を出せないとお芝居とは言えないので、そこが一番大変でしたね。

男の俳優は、芝居のどんなところが一番大変だと言っていますか。

夫婦が話しています。夫はどうして午後から会社に行くことにしたのですか。

F：ちょっと、いつまで寝てるの？　もう8時だよ？　いい加減起きないと会社、遅刻しちゃうじゃん。

M：あー、今日は会社、午後から行くことにしたから。

F：え？　なんで？　風邪？

M：いや、健康そのもの。まぁ、ちょっと喉は痛いけど…。

F：それは昨日の飲み会で飲みすぎたからでしょ。

M：しょうがないじゃん。退職する人の送別会だったんだから。**本当は今日、出張の予定だったんだけど、お客さんの都合でキャンセルになってさ。**だから、今日は午前中休みをいただいてもいいですかって上司に言ってみたら、いいよって。ほんとついてるよ。

F：そうなの。まあ、最近働きすぎじゃないかって心配してたから、たまにはいいんじゃない？

M：すごく特別な気分。

F：あー、うらやましい。あ、もうこんな時間。じゃあ、私行ってくるね。

夫はどうして午後から会社に行くことにしたのですか。

― 출장 예정이 없어져서 쉬기로 했다.

⭐암기하자!

□いい加減：적당히

□ついている：운이 좋다

□働きすぎ：과노동/무리한 근무

□うらやましい：부럽다

2番　정답：2

病院で医者が検査について話しています。患者が検査の前にしてもいいことは何ですか。

M：えー、検査を受けるにあたって、いくつか注意事項がございます。まず、検査前日ですが、**1・2夕食は、午後8時までに済ませて、それ以降は飲み物以外は一切取ってはいけません。** アルコール、**たばこも同様に、午後8時以降禁止**です。そして検査当日は、**朝食を抜き、3飲み物もお控えになってください。** また、当病院では検査を行う際、いくつかの薬を使用いたします。これらの薬は、検査後に、眠気や頭痛、体のだるさを引き起こすおそれがあるため、検査当日は、車、バイク、自転車の運転をご遠慮いただいております。ご理解ください。

患者が検査の前にしてもいいことは何ですか。

1・2 저녁식사는 전날 오후 8시까지. 음료는 알코올 이외라면 마셔도 된다.

3 당일은 음료를 마시면 안된다.

4 담배를 피워서는 안된다.

⭐ 暗 기하자!

□ 一切~ない : 일절 ~ 하지 않다
□ 同様に : 마찬가지로
□ 禁止 : 금지
□ 朝食を抜き : 아침을 굶고
□ 控える : 삼가다 / 조심하다
□ だるさ : 나른함
□ ~おそれがある : ~ 염려가 있다
　※나쁜 일이 발생할 가능성이 있을 때 사용.
□ 遠慮いただいております : 사양해 주시기 바랍니다

3番　正答：4

会社で女の人と男の人が海外出張について話しています。男の人は海外出張で何が大変だったと言っていますか。

F：お疲れ様です。海外出張いかがでしたか。

M：あーあ、とにかく疲れた、疲れた。

F：何かあったんですか。お客さんから何か言われたとか…。

M：**1いつもお世話になっている会社だから、緊張せずに行けたよ。** そのせいで油断してしまって、持っていくべきだった**2資料を忘れてしまって。**

F：それは大変でしたね。大丈夫だったんですか。

M：もう、冷や汗が出るくらい慌てたんだけど、向こうの方が、あとでかまいませんよ、って言ってくださって**2大きなトラブルにはならなかった。** それよりも問題は飛行機。

F：もしかして飛行機が飛ばなかったとか？

M：確かに**3出発は30分遅れたけど、そんなこと大したことじゃない。** とにかく隣の人のいびきがうるさくて、たまらなかったんだ。**48 時間のフライト中ずっとひどいいびきに悩まされてちっとも眠れなかった。** そのまま会社に来たから、もうやってられないよ。

男の人は海外出張で何が一番大変だったと言っていますか。

---

1 긴장하지 않고 갈 수 있었다.

2 자료를 잊었지만 큰 트러블은 되지 않았다.

3 출발은 30분 늦었지만 큰 문제는 아니다.

4 ○

 기하자!

☐お疲れ様です：수고하셨습니다
☐油断する：유단하다
☐冷や汗：식은 땀
☐慌てる：당황하다
☐たまらない：참을 수 없다

テレビで男の人と先生が話しています。先生は子供の成長のためには何をするといいと言っていますか。

M: 親はいつの時代も「いい子に育てたい」と考え、一生懸命子供と向き合っています。子供の成長のためには、親はどのようなことに気をつければいいでしょうか。

F: そうですね。最近の親を見ていて思うんですが、まだ小さいうちから英語やピアノ、スイミング、運動教室などに行かせている人があまりに多いことが気になっています。もちろん、小さいうちからいろんな習い事をさせることが必ずしも悪いわけではありません。ただ、**1習い事をたくさんさせようとした結果、親子のコミュニケーションの時間が無くなってしまうのは残念**なことです。

M: 子供のうちに海外旅行など、特別な経験をさせたほうがいいという意見もありますが、いかがですか。

F: **3·4家族での海外旅行が子供にとって素晴らしい経験になることは間違いないでしょう。しかし、毎日毎日特別な経験を用意してあげられるわけではありませんよね。**

M: 確かにそうですね。

F: だったら、**2毎日の生活で子供とゆっくり話をする時間を作るとか、一緒に遊んであげる時間を作ることのほうがずっと大切**だと思います。

M: なるほど。たった1度だけの特別な経験よりも、毎日のコミュニケーションが大切だということですね。

先生は子供の成長のためには何をするといいと言っていますか。

1 공부를 너무 많이 시켜 부모와 커뮤니케이션할 시간이 없어지는 것은 좋지않다.

2 ○

3·4 해외여행 등의 특별한 경험은 매일 할 수 있는 것은 아니다.

⭐️ **암** 기하자!

☐ 向き合っている : 마주하다 / 소통하다

☐ あまりに (も) : 너무나 (도)

☐ 必ずしも~ない : 반드시 ~는 아니다

☐ コミュニケーション : 커뮤니케이션

☐ ~にとって : ~에게 있어서

5番　正答：4

大学で女の学生と先生が話しています。先生は女の学生の発表の何がよくなかったと言っていますか。

F：先生、私の研究発表、何か問題がありましたか。先生が難しい顔で見ていらっしゃったので…。

M：いやいや、**4表情を除けば、内容は完璧**だったと言ってもいいんじゃないでしょうか。

F：本当ですか。

M：一番よかった点は、なぜこのテーマの研究をやる必要があるのかが明確に説明できていた点です。**1・2学生の発表で多いのが、研究する意味をはっきり説明しないまま、だらだらと話し続けるパターンです。** 松田さんの発表は、最初に研究の目的と必要性を述べ、それから具体的な内容に入っていったところがとてもよかったと思います。

F：ありがとうございます。**3実は、先輩に発表の練習に付き合っていただいたんです。**

M：なるほど。実際の発表の前に、友人や鏡の前などで何回か練習しておくと、内容が頭に入り、自信もつきます。松田さんの発表の内容はいいんですから、**4もっとリラックスして、緊張しなければ、今よりももっと素晴らしい発表ができる**と思いますよ。

F：はい。頑張ります。

先生は女の学生の発表の何がよくなかったと言っていますか。

1・2 마쓰다 씨의 이야기는 아니다.

3 연습했다.

4 ○

⭐암기하자!
··········

□発表：발표
□除く：제외하다
□完璧：완벽
□明確に：명확하게
□だらだら：장황하게
□パターン：패턴
□述べる：말하다/서술하다
□付き合う：함께 하다

女の人と男の人が話しています。男の人はどうして遅くなったのですか。

F：もう、1時間も遅刻！

M：ごめんごめん。

F：道路がひどい渋滞だったから？　でもさ、今日から**1三連休だから道路が渋滞するなんてわかりきってたじゃん。**

M：**1そう思っていつもより30分早く出たよ。**昨日降った**2雪がまだ溶けてなくって、どの車もいつもよりゆっくり走ってたから、けっこう時間がかかるかな、と思ったけどそうでもなかった。**

F：そうなんだ。意外だね。

M：これなら約束の時間より早く着くかな、と思って安心してたら、**3・4前を走ってたトラックが急にコントロールを失って、道路の脇の街路樹にぶつかったんだよ。**すごい音でもうびっくりしたよ。

F：ええ、怖い。それで大丈夫だったの？

M：思いっきりブレーキ踏んだから、まあ、なんとか…。運転手も自分で歩けていたから誰もけが人はでなかったみたい。それから警察に電話して、警察から事故の状況を聞かれたりして、いろいろ大変だったんだよ。

F：あらら。面倒くさいことに巻き込まれちゃったってわけね。

男の人はどうして遅くなったのですか。

1 교통체증이 있을거라 생각하여 30분 일찍 집을 나왔다.

2 눈은 남아있었지만 시간은 그다지 걸리지 않았다.

3・4 바로 앞에서 달리던 트럭이 사고를 일으켰다. 자신이 사고를 일으킨 것은 아니다.

⭐**암**기하자!

☐溶ける：녹다
☐脇：겨드랑이, 「道路の脇」는 「도로변」
☐状況：상황

問題3

日本語学校で先生が話しています。

F: 皆さん、カレーが食べたくなったら、レストランで食べますか、自分で作りますか。作り方はとても簡単です。じゃがいも、にんじん、玉ねぎなど、自分や家族の好きな野菜を食べやすい大きさに切って、ルウと一緒に煮込んだらすぐできあがります。できあがったばかりの熱々のカレーももちろんおいしいのですが、実は、冷蔵庫で一晩冷やしてからのほうがもっとおいしくなりますよ。それは、冷めるときに味が食材の奥まで入っていくからです。自分で作ったときは、ぜひ試してみてください。

先生が一番言いたいことは何ですか。

1　カレーを作る方法

2　カレーをおいしく食べる方法

3　カレーを作るときに必要な野菜

4　カレーのおいしいレストラン

ニュースで専門家が話しています。専門家は若者の何について話していますか。

M：最近、若い人の間で車を持たない「車離れ」が進んでいると言われています。ある調査によると、「車を持っていない」「車を持つつもりはない」と回答した若者は54％に達したということです。これは、レンタカーやカーシェアリングなどのサービスが広がり、自分の車を持つ必要が低下したという理由のほか、若者に十分なお金がないという問題も関係しています。自分の収入のほとんどを貯金に回し、お金を使わないようにしている若者が増えているという調査結果もあるそうです。若者が自由にお金を使える社会にしていくために、今の社会のあり方を考える必要があると思います。

専門家は若者の何について話していますか。

1　調査の結果

2　お金の使い方

3　貯金の仕方

4　抱えている問題

이야기의 내용

· 자동차를 가지지 않는 젊은 사람이 늘고 있다

· 이유①：자신의 자동차를 가질 필요가 없다

· 이유②：장래에 돈이 부족해 지는 것이 불안→자동차를 살 돈이 없다

· 결론：지금 사회의 바람직한 모습을 생각할 필요가 있다.

⭐암기하자!

☐ 車離れ：차에서 멀어짐 / 자동차 포기

☐ カーシェアリング：카 셰어링

☐ 低下する：저하하다

☐ 収入：수입

☐ 貯金に回す＝（お金を使わないで）貯金する 저금하다

☐ 抱える：껴안다

☐ 安定する：안정하다

男の人がケーキ屋に電話をかけています。

M : 昨日そちらでフルーツケーキを注文した山本というものなんですが…。

F : 山本様、いつもご利用いただきありがとうございます。

M : フルーツケーキを注文するときに、子供にアレルギーがあるからキウイは抜いてほしいってお願いしてたんですよ。その上で、ケーキを受け取るときにも今回はキウイは入ってないですよね？　って再度確認もしたんですけど、実際にケーキを切ってみたら中に入ってて…。

F : そんな…。まことに申し訳ございませんでした。

M : いやね、おたくのケーキは本当においしくて、僕も子供も大好きだから何度も注文していたんだけど、お願いしたことをやってもらえないとなると、もうおたくでケーキを購入する気にはなれませんよ。

F : おっしゃる通りでございます。大変申し訳ございませんでした。ただちに返金させていただきます。

M : いや、もういいですよ。ずっとお世話になってきているし、子供はケーキを食べなかったから問題も起きなかったですし。でも、これからは気をつけてくださいよ。

F : はい。わざわざご連絡をいただきありがとうございます。今後、このようなことのないように十分注意いたします。

男の人は何について不満を言っていますか。

1　ケーキの味

2　ケーキの注文方法

3　注文内容の間違い

4　店員の態度

이야기의 내용

· 케이크를 주문했을 때에 키위는 빼달라고 부탁했다

· 수령할 때에도 확인 했다

· 그런데도 케이크를 자르니 키위가 들어 있었다

· 환불은 필요하지 않다

· 앞으로는 신경쓰길 바란다

⭐ 暗기하자!

☐ 実際に : 실제로

☐ 返金する : 환불하다

☐ わざわざ : 일부러

제2회　문자·어휘　문법　독해　청해

テレビで女の人がある商品について話しています。

F：この商品は大阪の小さな会社が作ったもので、開発に３年もの
長い時間がかかりました。しかし、販売当初はほとんど売れず、
会社はつぶれる寸前までになったそうです。それでも社長だけ
は、必ずこの商品は売れるはずだと信じて商品を作り続けま
した。小さな会社ですし、資金もほとんどありませんから、広
告やCMなどの宣伝はできません。ところが、あるテレビ番組
で、今人気の俳優がこの商品を愛用していると紹介したとこ
ろ、若い人を中心に急に売れ始め、今では若い人だけでなく、
幅広い年代で使われるようになりました。

女の人は商品の何について話していますか。

1　会社の歴史

2　社長の性格

3　商品が売れたきっかけ

4　商品の宣伝方法

⭐ 암기하자!

□販売当初：판매 시초

□つぶれる：망하다 / 파산하다

□寸前：직전

□ところが：그런데

□年代：연대

·어떤 상품을 만들
었을 때 처음은 거의
팔리지 않았다

·사장님은 팔릴거라
고 믿고 계속 만들었
다

·TV방송에서 배우
가 소개→팔리기 시
작했다

·현재는 품절이 계
속되고 있다.

ラジオで女の人が話しています。

F：寒い季節がやってきました。寒くなると手の乾燥、気になりませんか。かさかさになった手って、乾燥で切れちゃったりしてけがにつながりやすいですし、どうにかしたいですよね。手がかさかさにならないように、みなさんが行っていることを調査しました。その結果、やはり「ハンドクリームを塗る」というのが圧倒的に多かったです。他にもオリーブオイルを塗る人や、化粧水を塗る人もいるようです。主婦の方の中には、洗い物をするときにゴム手袋をして、予防をする人もいるとのことでした。主婦の方は、水をよく使うので大変ですよね。

女の人は何について話していますか。

1　手が乾燥する理由

2　乾燥による手のけが

3　手の乾燥を防ぐ方法

4　主婦の大変さ

⭐암기하자!

□乾燥：건조

□切れちゃったり：끊어져 버린다든가

□かさかさ (な)：까칠까칠(한)

□どうにかする：어떻게 하다

□調査する：조사하다

□洗い物をする：설거지를 하다

□ゴム手袋：고무장갑

□予防：예방

건조해서 손이 까칠까칠
해지지 않도록 모두가
어떤 것을 하고 있는지
이야기하고 있다.

·핸드크림 등을 바른다

·설거지 할 때 고무장갑
을 낀다

제2회

문자·어휘

문법

독해

청해

会社で男の人が話しています。男の人は何について話していますか。

M：私は約10年間、弊社に就職を希望する学生たちを見てきました。最近、特に頭が良い学生が、入社後、仕事がうまくいかない、と泣き出すことがあります。外国語ができたり、一流大学を卒業したりしているのにどうしてだろう、と。でも、そうしたことは仕事で活躍できるかどうかとあまり関係がありません。私たちの会社が求める人は、外国語や勉強はさほどできなくても、人の話をよく聞き、自分で考える人です。もし、今、自分は能力があまり高くないから、と自信が持てずにいるなら、そんなこと少しも気にすることはありません。この会社で、一緒に成長していきましょう。

男の人は何について話していますか。

1　最近の学生の様子

2　頭がいい学生の傾向

3　この会社に入ってほしい学生の条件

4　自分の能力に自信を持つ方法

⭐암기하자!

□弊社：「自分の会社」의 겸손한 표현. 폐사

□さほど：それほど 그다지

□うまくいかない：잘 되지 않는다

□自信が持てず：자신이 없어

□自信を持つ：자신을 갖다

· 머리가 좋은 학생이 회사에 들어와서 「うまくいかない」라고 우는 경우가 있다

· 우리 회사에서는 외국어나 공부는 잘하지 못해도 OK

· 남의 이야기를 잘 듣고 스스로 생각하고 모든 일에 흥미를 가지는 사람이 오기를 바란다

問題4

例　正答：1
 N2_2_25

> F： あれ、まだいたの？　とっくに帰っ
> 　　たかと思った。
>
> M：1　うん、思ったより時間がかかっ
> 　　　て。
>
> 　　2　うん、思ったより早く終わって。
>
> 　　3　うん、帰ったほうがいいと思っ
> 　　　て。

1番　正答：2
 N2_2_26

> M： 納豆って、混ぜれば混ぜるほどおい
> 　　しくなるって知ってた？
>
> F：1　へえ、混ぜる必要がないね。
>
> 　　2　へえ、今度やってみるよ。
>
> 　　3　へえ、ずっと続けたいね。

~ば~ほど：~と、もっと ~하면~할수록

2番　正答：1
 N2_2_27

> M：足がないからさすがにそこまでは行
> 　　けないな。
>
> F：1　そうか、残念だな。
>
> 　　2　それはかわいそうだよね。
>
> 　　3　ちゃんと行けばよかったね。

「足」는 여기서는 교통수단을 말한다.

3番　正答：3
 N2_2_28

> F： あとちょっとだったのに、惜しかった
> 　　ね。
>
> M：1　ちょっとだけでもだめでしょう
> 　　　か。
>
> 　　2　私はあまりおいしいと思いませ
> 　　　んでした。
>
> 　　3　あと2点とれば、合格だったの
> 　　　に…。

□惜しい：아깝다

4番　正答：2
 N2_2_29

> M：何にやにやしてるの？
>
> F：1　今日中にレポートを出さないと
> 　　　いけないから。
>
> 　　2　実は、昨日彼からプロポーズさ
> 　　　れたんだ。
>
> 　　3　昨日の夜、全然寝られなかった
> 　　　んだ。

□にやにやする：히죽거리다

문자・어휘

문법

독해

청해

5番　정답：1　◀))N2_2_30

F : あまりに失礼な態度だったから、文句を言わないではいられなかったよ。

M : 1　そんなにひどかったなら、文句を言って当然だね。

　　2　はっきりと相手に文句を言うべきだったね。

　　3　文句を言うどころか何もしなかったの？

〜ないではいられない：どうしても〜してしまう　〜하지 않을 수 없다 (해야 한다)
AどころかB：Aという予想や期待と逆に、実際はB

6番　정답：1　◀))N2_2_31

M : 子供服はお2階でございます。

F : 1　ありがとうございます。

　　2　それは怖いですね。

　　3　じゃあ、買います。

건물의 층을 말할 때 2층에 한하여 「お」를 붙이는 경우가 있다. 「にかい」와 「おにかい」에서 악센트 위치가 바뀌므로 듣기에 주의가 필요.

7番　정답：3　◀))N2_2_32

M : 明日、ピクニックに行くって約束したじゃん。

F : 1　ピクニックには何を持っていくんだっけ？

　　2　明日は8時に出発するよ。

　　3　台風が来るんだから仕方ないでしょ？

〜じゃん：「〜じゃない」의 더욱 캐주얼한 표현.
여기서는 항의의 뜻.

8番　정답：3　◀))N2_2_33

F : もしよければ、これも全部もらっていただけませんか。

M : 1　いいえ、さすがにそんなようでは…。

　　2　いいえ、さすがにそんなはずでは…。

　　3　いいえ、さすがにそんなわけには…。

〜わけにはいかない：〜できない　〜게 할 수 없다
さすがに〜わけにはいかない：사양할 때의 문장. 「〜」에 상대가 해주는 일을 넣는다.
※선택지1은 「そんなようでは困ります」,
　선택지2는 「そんなはずではないのですが」,
　선택지3은 「そんなわけにはいきません」의 문장이 각각 생략된 것.

9番　정답：1　 N2_2_34

> M：彼と一緒に仕事をするなんてごめんだね。
>
> F：1　彼、いつもいばっていて嫌な感じだもんね。
>
> 　　2　彼に直接謝ったほうがいいんじゃない？
>
> 　　3　彼と一緒に仕事できるなんてうらやましい。

〜なんて：「なんか」와 같다. 「〜」가 싫다는 생각을 나타낸다.
ごめんだ＝いやだ 싫다

10番　정답：1　 N2_2_35

> M：彼と別れたんだって？
>
> F：1　ちょっと気が合わなくって。
>
> 　　2　なんだか気が進まないんだ。
>
> 　　3　気を落としちゃだめだよ。

□気が合う：마음이 맞다
2 気が進まない：마음이 내키지 않다
3 気を落とす：낙심하다

11番　정답：2　 N2_2_36

> F：締め切りにぎりぎり間に合いましたね。
>
> M：1　いったいどういうつもりなんだろう。
>
> 　　2　うん、どうなることかと思ったよ。
>
> 　　3　君がどうしてもって言うなら…。

□どうなることか：どうなってしまうんだろう
（매우 나쁜 결과가 될 것 같다）
1（いったい）どういうつもり＝どういう考えなんだろう（それがわからないくらいひどく悪い）
3 どうしてもって言うなら…：どうしても（してほしい）と言うなら、本当はしたくないけどそうするよ。

12番　정답：1　 N2_2_37

> M：ご無沙汰しております。お変わりありませんか。
>
> F：1　ええ、おかげさまで。
>
> 　　2　どうぞ、おかまいなく。
>
> 　　3　いいえ、どういたしまして。

ご無沙汰しております。お変わりありませんか。：오랜만에 만난 사람과의 정중한 인사. 대응은 「おかげさまで」등.

1番　정답：2　🔊 N2_2_39

保育園で、男の先生と園長先生が話しています。

M：園長先生、秋の遠足の行き先について、4つの候補を調べてみました。

F：ありがとうございます。どうですか。

M：保育園からみんなで移動するなら近いほうがいいですよね。それなら、バスで10分のうみかぜ水族館か、バスで30分のみらい科学館がいいと思います。

F：確かに、おおぞら動物園は電車で1時間弱かかりますからね。あおば公園はどうですか。電車で20分くらいでしょう。

M：でも最寄駅からのバスが廃止されちゃって、15分くらい歩かなきゃいけないんです。大人ならまだしも、子供連れだとたいへんかなと。

F：そうですね。料金はどうですか。

M：うみかぜ水族館は大人1500円、子供500円、みらい科学館は大人500円、子供は無料です。おおぞら動物園は大人800円、子供300円、あおば公園は無料で入園できます。

F：大人と子供が一人ずつとして1000円を超えるところは避けたいですね。参加者にとって負担になるといけないので。

M：わかりました。

F：そのうえで、いちばん近いところに決めましょう。

秋の遠足はどこに行きますか。

1　うみかぜ水族館

2　みらい科学館

3　おおぞら動物園

4　あおば公園

・우미카제 수족관

성인 1500엔, 어린이 500엔. 버스로 10분

・미라이 과학관

성인500엔, 어린이는 무료. 버스로 30분

・오오조라 동물원

성인 800엔, 어린이 300엔. 전철로 1시간 남짓

・아오바공원

무료. 전철로 20분＋도보15분

★암기하자!

□遠足 : 소풍
□行き先 : 목적지
□候補 : 후보
□最寄り駅 : 최근접역 / 가장 가까운 역
□廃止 : 폐지
□まだしも : (그런대로) 괜찮으나
□避ける : 피하다
□負担 : 부담

学校で学生たちが話しています。

F1：ねえ、来週が先生の60歳の誕生日なんだけど、何かみんなでお祝いしない？

F2：いいね。60歳なら「還暦」で、特別な誕生日だもんね。

F1：そうそう。それに普段お世話になってるんだし、花束でも送ろうよ。

M：特別な誕生日なら、花束より、毎日使ってもらえるもののほうがいいんじゃないかな。財布とか。

F1：それはちょっと予算オーバーかな。せいぜい一人1000円くらいしか出せないと思う。

F2：じゃあペンは？　仕事で毎日使うじゃない？

M：あ、確か、ペンを買うと無料で名前を入れてくれるサービスをやってるお店があった気がする。ちょっと調べてみよう。

F1：いいね、それ。自分の名前が入ったペンなんて、きっと喜ばれると思う。

M：あった！　これと花束を一緒に渡せば、華やかになるよ。

F1：あ、私、いいこと思いついちゃった。花束をやめてケーキを買ってきて、一緒に食べてお祝いするのはどう？

M：それって自分が食べたいだけじゃないの？

F2：でも、先生ならそっちのほうが喜んでくれるかもね。

F1：じゃあ、そうしようよ。

三人は誕生日プレゼントに何を買いますか。

1　財布とケーキ

2　ペンとケーキ

3　花束と財布

4　花束とペン

이야기의 내용

· 꽃다발보다도 모양으로 남는 것이 좋다

· 지갑은 예산 초과

· 이름을 넣은 펜을 산다

· 케이크를 사서 다 같이 먹는다

★ **암** 기하자!

□ 誕生日 : 생일
□ 還暦 : 환갑
□ 華やか : 화려하다
□ ~だもんね : ~이니까
□ 普段 : 평소
□ 花束 : 꽃다발
□ ~じゃないか : ~이지 않을까
□ せいぜい : 불과/겨우
□ 財布 : 지갑
□ 名前を入れてくれる : 이름을 새겨주다
□ 思いついちゃった : 생각났다

動物病院で三人が話しています。

F1：まず、犬をおうちに迎えるにあたって、いくつかやらなければいけないことがあります。一番大切なことは、犬の健康管理です。うちから犬をお譲りする場合は、予防接種はすませてありますから、飼い主の方がもう一度予防接種を受けさせなくて大丈夫です。必要なのは、市役所での犬の登録です。これを忘れると20万円以下の罰金がある場合があります。そして、犬を家に迎える際の注意ですが、犬は新しい生活が始まると、とても不安になります。できるだけ不安にさせないように、食べなれている餌やおやつをあげてください。うちの病院で与えていた餌やおやつは、病院の隣にあるドラックストアで買うことができます。家に帰る前に、公園など外に連れて行って犬を遊ばせて、リラックスさせてから家に入れるというのも、犬のストレスを減らすためにいい方法だと思います。

M：なるほど、やらなきゃいけないことがたくさんだ。

F2：そうね。二人で手分けしましょう。**1私は犬の登録に行ってくる**から、あなたは犬と一緒に先に帰ってて。

M：わかった。先生に言われた通り、公園に連れて行ってから帰るよ。

F2：でも昨日大雨だったから、ぬかるんでてぐちゃぐちゃよ。今日はタオル持ってきてないし…。

M：それもそうだな。じゃあ、**3餌やおかしをたくさん買っておこう。**あと、好きそうなおもちゃもたくさん買って、家で遊ばせよう。

質問1　女の人は今からどこに行きますか。

質問2　男の人は今からどこに行きますか。

이야기의 내용

강아지를 기를 때

· 동물병원에서 양도 받을 경우 예방접종은 필요하지 않다

· 시청에 등록한다

· 익숙한 사료와 간식을 준다. 병원 옆의 드럭스토어에서 팔고 있다

· 돌아가기 전에 밖에서 놀게 한다→비가 내려서 오늘은 할 수 없다

1 여성은 시청으로 등록하러 간다.

3 남성은 공원에서 놀게 한다→비가 내려서 오늘은 할 수 없다→드럭스토어에서 사료와 간식을 산다.

⭐️ 암기하자!

☐ ～にあたって：～에 즈음하여
☐ 予防接種：예방접종
☐ ストレスを減らす：스트레스를 줄이다
☐ ぬかるんで：질퍽거려서
☐ ぐちゃぐちゃ：엉망인 모양

126

제3회 해답·해설

N2 言語知識 (文字・語彙・文法)・読解

第3回

受験番号
Examinee Registration Number

名前
Name

〈ちゅうい Notes〉

1. くろいえんぴつ (HB、No.2) でかいて
ください。
Use a black medium soft (HB or No.2)
pencil.
(ペンやボールペンではかかないでくだ
さい。)
(Do not use any kind of pen.)

2. かきなおすときは、けしゴムできれい
にけしてください。
Erase any unintended marks completely.

3. きたなくしたり、おったりしないでくだ
さい。
Do not soil or bend this sheet.

4. マークれい Marking Examples

よいれい Correct Example	わるいれい Incorrect Examples
●	⊗ ◯ ◐ ⊖ ◑ ◍

問題1 — 問題14 (マークシート解答欄)

필승합격 모의고사 해답용지

N2 聴解

第3回

受験番号
Examinee Registration Number

名前
Name

問題1

	1	2	3	4
例	①	②	●	④
1	①	●	③	④
2	①	②	③	●
3	●	②	③	④
4	①	②	●	④
5	①	②	●	④

問題2

	1	2	3	4
例	①	②	③	●
1	①	②	●	④
2	●	②	③	④
3	①	②	③	●
4	①	●	③	④
5	①	②	●	④
6	①	②	●	④

問題3

	1	2	3	4
例	●	②	③	④
1	①	②	●	④
2	①	②	●	④
3	①	②	●	④
4	●	②	③	④
5	●	②	③	④

問題4

	1	2	3
例	●	②	③
1	①	●	③
2	●	②	③
3	①	●	③
4	①	●	③
5	①	●	③
6	●	②	③
7	①	●	③
8	●	②	③
9	①	●	③
10	①	●	③
11	①	②	●
12	●	②	③

問題5

		1	2	3	4
1		①	●	③	④
2		①	●	③	④
3	(1)	①	②	●	④
	(2)	①	②	●	④

제3회 채점표와 분석

		배점	정답수	점수
문자·어휘·문법	문제1	1점×5문제	/ 5	/ 5
	문제2	1점×5문제	/ 5	/ 5
	문제3	1점×5문제	/ 5	/ 5
	문제4	1점×7문제	/ 7	/ 7
	문제5	1점×5문제	/ 5	/ 5
	문제6	1점×5문제	/ 5	/ 5
	문제7	1점×12문제	/12	/12
	문제8	1점×5문제	/ 5	/ 5
	문제9	1점×5문제	/ 5	/ 5
	합 계	54점		ⓐ /54

60점이 되도록 계산하여 봅시다.   ⓐ [   ] 점 ÷ 54 × 60 = Ⓐ [   ] 점

		배점	정답수	점수
독해	문제10	3점×5문제	/ 5	/15
	문제11	3점×9문제	/ 9	/27
	문제12	3점×2문제	/ 2	/ 6
	문제13	3점×3문제	/ 3	/ 9
	문제14	3점×2문제	/ 2	/ 6
	합 계	63점		ⓑ /63

ⓑ [   ] 점 ÷ 63 × 60 = Ⓑ [   ] 점

		배점	정답수	점수
청해	문제1	2점×5문제	/ 5	/10
	문제2	2점×6문제	/ 6	/12
	문제3	2점×5문제	/ 5	/10
	문제4	1점×12문제	/12	/12
	문제5	3점×4문제	/ 4	/12
	합 계			ⓒ /56

ⓒ [   ] 점 ÷ 56 × 60 = Ⓒ [   ] 점

Ⓐ Ⓑ Ⓒ 중에 48점 이하인 과목이 있다면 해설과 대책을 읽고 다시 한 번 도전합시다.
(48점은 이 책의 기준입니다.)

※이 채점표의 득점은 아스크출판 편집부가 문제의 난이도를 판단하여 배점하였습니다.

언어지식 (문자 · 어휘 · 문법) · 독해

◆ 문자 · 어휘 · 문법

※해설은 유사표현을 많이 알 수 있도록 알기 쉬운
일본어와 한국어를 병용하였습니다.

問題1

1 정답 : 4 しつど
湿　シツ／しめ-る・しめ-す
湿度 : 습도
🖍 1 温度 : 온도
　　2 濃度 : 농도
　　3 角度 : 각도

2 정답 : 1 ほす
干　カン／ほ-す・ひ-る
干す : 말리다
🖍 2 蒸す : 찌다
　　3 押す : 누르다
　　4 越す : 넘다

3 정답 : 3 しゅちょう
主　シュ・ス／ぬし・おも
張　チョウ／は-る
主張 : 주장

4 정답 : 3 おぎなう
補　ホ／おぎな-う
補う : 보충하다
🖍 1 敬う : 존경하다
　　2 ともなう : 동반하다
　　4 整う : 정돈되다

5 정답 : 2 ごういん
強　キョウ・ゴウ／つよ-い・つよ-まる・し-い
る
引　イン／ひ-く・ひ-ける
強引 : 강제 / 억지

問題2

6 정답 : 3 感心
感　カン
感心 : 감탄

7 정답 : 2 否定
否　ヒ・いな
否定 : 부정

8 정답 : 2 生地
生地 : 천
🖍 3 記事 : 기사

9 정답 : 4 覚めて
覚　カク・おぼ-える・さ-ます・さ-める
覚める : 깨다 / 눈이 뜨이다
🖍 1 冷める : 식다

10 정답 : 1 課税
課　カ
税　ゼイ
課税 : 과세

問題3

11 정답 : 4 真
真夜中 : 한밤중

12 정답 : 4 ぞい
川沿い : 강가

13 정답 : 1 再
再開発 : 재개발

14 정답 : 2 家
写真家 : 사진사

※「家」が 붙으면 직업명이 된다.「作家」「小説家」「漫画家」등.

15 정답 : 1 非
非常識 : 비상식

問題4

16 정답 : 1 いっさい
いっさい＝まったく 一切/전혀

17 정답 : 3 ふざけて
ふざける : 장난치다/까불다
🔖 1 あきらめる : 체념하다/단념하다
　 2 おこたる : 게으름을 피우다
　 4 つまずく : 발이 걸려 넘어지다/좌절하다

18 정답 : 4 現代
現代 : 현대
文化 : 문화

19 정답 : 2 ばったり
ばったり会う : 딱 만나다

20 정답 : 1 続々と
続々と : 속속히
🔖 2 着々と : 척척/순조롭게
　 3 転々と : 전전하며
　 4 別々に : 따로따로

21 정답 : 1 わりと
わりと : 비교적
🔖 2 わざと : 일부러
　 3 思わず : 나도 모르게
　 4 きっと : 분명

22 정답 : 4 任意
任意 : 임의
🔖 1 同意 : 동의
　 2 熱意 : 열의

3 誠意 : 성의

問題5

23 정답 : 2 危険だ
物騒 : 나쁜 일이 발생할 듯한 위험한 상태/위험

24 정답 : 1 一度にみんな
いっせいに＝一度にみんな 다 같이/한 꺼번에

25 정답 : 2 用意
支度＝用意、準備 채비/준비

26 정답 : 2 あちこち
ほうぼう＝あちこち 여기저기

27 정답 : 4 広がれば
普及する＝広く使われるようになる 보급하다

問題6

28 정답 : 4 …礼儀やマナーを知らない。
礼儀 : 예의
🔖 1 …必ず挨拶をしよう。
　 挨拶 : 인사
　 3 …今度お礼をしよう。
　 お礼 : 답례/사례

29 정답 : 3 学校の前に、なだらかな坂道がある。
なだらか : 완만하다
🔖 2 …彼はおだやかな人なので、友達が多い。
　 おだやか : 온건하다

30 정답 : 2 会社は何年働いても給料が変わらない。もううんざりだ。
うんざり : 지긋지긋하다

31 정답 : 2 ひらがなを漢字に変換します。
変換＝変えること 변환

🏷 **1** 旅行の予定を**変更**します。
変更：변경

4 購入金額を**変更**します。
変更：변경

32 정답 : **1** 転んでケガをしたので、病院で手当てしてもらった。
手当て：치료

🏷 **2** 彼女が**手作り**のケーキを作ってくれた。
手作り：손수 만든 것

3 パソコンでなく**手書き**で手紙を書いた。
手書き：수기

4 私の父は毎日庭の**手入れ**をしている。
手入れ：손질

問題7

33 정답 : **1** きり
[動詞のた形] きり～ない＝～한 것이 마지막이며, 그 후에 계속 ～않다

34 정답 : **3** しかねます
[動詞のます形] かねる＝（話し手の立場・気持ちから）～できない ～하기 어렵다

35 정답 : **4** どころか
Aどころか B＝A와 전혀 다른 B

36 정답 : **3** 以上
～以上＝～だから当然

37 정답 : **2** ものの
～ものの＝～けれども ～하기는 하였지만

38 정답 : **3** あったからにほかならない
～からにほかならない＝絶対に～だ

39 정답 : **1** ところだった
～ところだった＝実際のはそうではないが 곧 그렇게 될 지경이었다

40 정답 : **3** がち
病気がち＝病気になることが多い
くもりがち＝くもりの日が多い

41 정답 : **2** しないわけにいかない
～ないわけにはいかない＝～なければならない

42 정답 : **3** 遊んでいる場合じゃ
～ている場合じゃない＝～できる状況ではない ～할 수 있는 상황이 아니다

43 정답 : **2** はおろか
Aはおろか Bも／さえ＝A는 물론이고 B도

44 정답 : **2** あえて
あえて＝難しいとわかった上で、わざわざ 일부러

問題8

45 정답 : **1**
こんなに探し回っても　**4** 見つからない　**2** なら　**1** あきらめる　**3** ほかはない　ようだ。
～ほかはない＝～しかない ～밖에 없다

46 정답 : **2**
山田さんが作ったこの資料、130分　**3** で　**2** 作った　**4** にしては　よくできている。
～にしては＝～から予想される結果と違って
～로부터 예상되는 결과와 다르게（～로서는）

47 정답 : **2**
ビザが出るまで　**1** 1週間くらい　**4** かと思ったが　**2** それどころか　**3** 2週間　もかかった。
それどころか：「予想と同じよりもっと」라고 강조하는 표현.

48 정답 : 3
仕事は、日曜・祝日　2は　1もちろん　3土曜日　4も　休みです。
Aはもちろん（Bも）＝Aは当然として（Bも）

49 정답 : 1
…資料を作成　3しているとき　2一文の文字数を　1意識するのと　4しないのとでは　読みやすさがぜんぜんちがいます。

問題9

50 정답 : 3 得るようになりました
「大学の数がふえた」는 이유로 발생하는 일은 「大卒の資格を得る人」가 늘어났다는 변화이므로 3이 정답.

51 정답 : 2 こともなく
[動詞の辞書形] こと（も）なく＝～ないで

52 정답 : 2 といわれても仕方がありません
이 글의 전반부에 「自分たちで競争率を高めておいて、採用されない」라고 되어 있다. 그것은 자업자득이므로 반대 의미가 되는 3과 4는 틀렸다. 1의 「～だけのことはある」는 「さすがに、やっぱり」 등으로 감탄하거나 납득할 때에 사용한다.

53 정답 : 4 ですから
[接続詞（접속사）] 문제에서는 앞뒤를 잘 볼 것.
이 문제에서는 「人気がないゆえに学生が集まらない企業がある」라는 것이 이유이며 「まず考えなければならない」라는 당연한 결과가 와 있으므로 「ですから」가 정답.

54 정답 : 1 かならずしも
かならずしも～ない＝かならず～というわけではない

問題10

(1) 55 정답 ：4

> 　**人間は一定時間、沈黙していることができなければならない。** そ
> れと同時に、喋りたくない時でも、あたりの空気を重くしないため
> に、適当な会話を続ける必要のある時もある。沈黙を守れない人
> で、きちんとした思想のある人物は見たことがない。**それと同時**
> **に、会食の席などでは、相手を立てながら、会話を続ける技術も**
> **なくて一人前とは言いがたい。**

──── 두 가지가 동시에 필요
하다고 말하고 있다.

기하자!

□人間 : 인간
□喋る : 말하다
□あたり : 주위
□守る : 지키다/보호하다
□思想 : 사상
□人物 : 인물
□〜がたい : 〜하기 어렵다

(2) 56 정답 ：3

> 　健康第一というのは、健康なときにはわからない。健康はふつうの
> ときには当たり前のことだからだ。体をこわしてやっと、健康第一な
> んだとつくづく思う。だから健康とは、空気みたいなものだといえる。
> あって当たり前で、ふつうは意識もされない。だから健康の中には、
> いろんなものが隠されている。**ふだんは見えない体の秘密が、健康を**
> **害したときにはじめていろいろ見えてくる。**病気は体ののぞき穴だ。

──── 평소에는 보이지 않는
몸의 비밀→보통은 의식
하지 않는 몸의 비밀

기하자!

□意識する : 의식하다
□つくづく : 곰곰히 / 절실히
□隠す : 숨기다
□のぞく : 들여다보다

(3) ⑤7 정답 : 2

（若い世代に）自分の思いをまっすぐにぶつければ、必ずや共通項を見出すことができるだろう。

若い世代とつきあうからといって、意識したり、かまえたりすると、それはそのまま伝わってしまうから、自然体で対するに限る。

とても理解できない、ついていけないと思ったら、想像力をたくましくすること。自分がこのくらいの年代のときはどうだっただろうか、自分の若い頃、年上の人をどう見ていただろうかと考えてみる。

そこから答えが出てくるかもしれない。

「～に限る」는「～がいちばんよい」라는 의미. 자연체 즉 있는 그대로의 자신으로 대하는 것이 좋다고 생각한다.

☆암기하자!

□まっすぐ : 솔직함/곧장
□ぶつける : 던지다
□見出す : 발견하다/찾아내다
□共通項 : 공통항
□年代 : 연대
□たくましくする : 왕성하게 하다/ 여기서는「부풀리다」
□年上 : 연상

(4) ⑤8 정답 : 4

いつもピアノレッスンにご参加頂き、御礼申し上げます。おかげさまで、当教室は、5月で10周年を迎えることとなりました。これもひとえにご参加くださる皆様のおかげであると心より感謝しております。

さて、10月から消費税の増税が決定いたしました。今までレッスン料金を値上げせずにやってまいりましたが、今回の増税に伴いまして、ついに料金の見直しをせざるを得なくなりました。そのため、下記の通り料金の改定を実施させていただくこととなりましたのでお知らせいたします。

皆様にご迷惑をおかけするのは心苦しい限りでございますが、ご理解くださいますよう、よろしくお願い申し上げます。

비즈니스 문서의 경우 처음과 끝 단락은 인사말인 경우가 많다.「さて」의 뒤에 주목하여 생각한다.

⭐암기하자!

□感謝する：감사하다
□さて：ほかの話題に移るときに使う表現 그런데
□消費税：소비세
□決定する：결정하다
□料金：세금
□～にともない：～と一緒に、～に合わせて ～에 더불어
□ついに：드디어
□～限り：～한

(5) 59 정답 : 1

　　現代社会は物理学がないと何もできません。たとえば時計にしても、昔は機械仕掛けの世界でしたが、ちょっと時計が趣味の人は簡単な修理くらいはできた。ある程度手で触れることができたのですね。しかし、科学技術は細分化の果てに、普通の人には触れられない「何か」に変貌を遂げました。時計でいうと、今はクオーツ時計や電波時計があります。でも、そういった最先端技術を駆使した時計の中身について、ふつうの人はほとんど何もイメージできないし、触ることもできません。

⭐암기하자!

□修理：수리
□ある程度：어느정도
□触れる：만지다 / 고치다
□～化：～화
□中身：속에 든 것 / 내용
□イメージする：상상하다

> **문장의 내용**
>
> 옛날 시계 : 손으로 만질 수 있고, 수리할 수 있다
>
> ↓
>
> 지금 시계 : 최첨단기술이 사용되고 있어 상상할 수 없고 만질 수 없다

問題11

(1) `60` 정답 : 3　　`61` 정답 : 1　　`62` 정답 : 2

　「おひとりさま」の数が急増している。「おひとりさま」とは、本来「一人」をていねいにいう言葉で、飲食店などの一人客を指すが、最近では独身の男女という意味から、一人で食事や旅行、趣味を楽しむなど一人の時間を謳歌している人たちのことまで幅広く意味するようになった。かくいう私もずっとおひとりさまで、**60以前はレストランに一人で行くと、周りのカップルや家族に囲まれて肩身が狭い思いをすることがあったが、仲間が増え、大変①心強く思っている。**

　おひとりさまが増えた背景には、**61独身女性の増加だけでなく、働く女性が増えたことも大きい理由にあげられる。**経済的に自立した女性が、結婚後も自分で稼いだお金で自分だけの時間を楽しむことが増えたのだ。私の姉が②良い例で、子供の手が離れたことを良いことに、一人で登山や海外旅行に行くなど、充実した毎日を送っている。

　また、おひとりさま増加に伴い、それに対応した商品やサービスも広がりを見せている。ひとり用の炊飯器や電気ポットなどが店頭に並ぶようになった。旅行会社のひとり旅プランや、焼き肉屋のひとり焼き肉用カウンター席の設置など、一人客をターゲットにしたサービスも充実してきている。**62おひとりさま道まっしぐらの私にとっては、これからどんなサービスが増えていくか、楽しみである。**

---

60 이 「仲間」는 필자와 마찬가지로 혼자서 밖에서 식사를 하는 사람이라는 의미.

61 독신이 아닌 (결혼한) 여성도 혼자서 즐기고 있다.

62 혼자를 위한 서비스의 충실을 기대하고 있다.

제3회　문자・어휘　문법　독해　청해

⭐암기하자!

- □本来 : 본래
- □指す : 가리키다
- □謳歌 : 구가
- □かくいう : 이렇게 말하는
- □増加 : 증가
- □経済的 : 경제적
- □広がり＝広がること 확산
- □炊飯器 : 전기밥솥
- □まっしぐら : 곧장/줄달음질

(2) 63 정답 : 1　64 정답 : 4　65 정답 : 3

　私がものごころついた頃は、もう日本は日本でなくなりはじめていた。着物を着ている人もいるにはいたが、洋服が主流になっていた。畳の間はまだあったけれど、人々は椅子の暮らしの方が楽だと思いはじめていた。人々あるいは日本全体が、欧米のものをよしとして、それを追っていた。

　身近に欧米のものが溢れだし、日本のものはだんだんと後方に押しやられてゆく。そんな中で、われわれは育った。人のせいにするわけではないが、そこでどうやって日本の美にふれられようか。日本の心にふれて、日本人になれようか。われわれは日本よりも欧米文化を身近に感じ、それを素直に吸収していったのであって、①その結果がこれなのだ。

　でも何かがきっかけで、日本のものにふれることがある。あるいは、何かを機に日本のものを、ということになるのかもしれない。それだけ日本のものが特別なものになっているということなのだが、私もまた大学卒業を機に、一念発起してお茶を始めた。(中略)

　そのはずなのだが、いつか、こうした感覚が懐かしいものに思えてきたのはどうしたことか。**65知らないはずなのに、新しいと思っていたはずなのに、知っているような気がする。**自分の奥底の何かが振れた、そんな感じ。**64私は、やっぱり、日本人なのだ。**そして②その感覚が快いから、こうしてお茶も続いているのだろう。

63 기모노→양복, 다다미→의자로 생활의 변화가 있어 일본문화에 접하는 일이 줄었다.

64 직전의「私は、やっぱり、日本人なのだ」를 바꾸어 말한 선택지 4를 고른다.

65 제1·2단락에서 일본의 물건을 접할 기회가 줄어든 것을 쓰고 제4단락에서「そのはずなのだが」「懐かしい」「知っているような気がする」라고 말하고 있다.

⭐암기하자!

□欧米 : 서양/구미

□押しやられてゆく : 밀려가다

□ふれる : 접촉하다

□吸収する : 흡수하다

□~を機に : ~을 계기로

□感覚 : 감각

□一念発起 : 일념발기/새로운 결심

□奥底 : 깊은 곳

□振れる : 흔들리다

(3) 66 정답 : 2　67 정답 : 1　68 정답 : 4

日本には科学館・博物館・プラネタリウム・天文台など科学に関わる展示や講演会などを行いつつ、訪問者が実験や観測に参加できるような施設が多く存在する（欧米に比べても遜色ないどころか、その数は上回っている）。そこには当然学芸員がいて、**66展示物の解説をしたり、それに関する質問に答えたりしてくれる**。学芸員がいわば①科学ソムリエの役割を果たしているのである。私が教えた大学院生が学芸員として就職し、時折その苦労話を聞くが**並大抵な仕事ではない**ことがよくわかる。

第一は、毎月のように出し物の中身を変え、新しいトピックに敏感に反応しないとすぐに飽きられてしまうから、先を読んで展示物を工夫することが絶えず求められる点だろう。予算の関係もあって年度当初に展示計画を組んでいるのだが、日本人のノーベル賞受賞のような想定していなかった事態が生じると急遽それに変え**ねばならない**。

それに伴って、どんな分野についても専門家並みの知識を身に付ける必要があるのも**苦労すること**らしい。学芸員それぞれは一つの分野の専門家ではあるけれど、それでカバーできる範囲は狭く、数少ない人数でどんどん専門分化する科学の全領域をカバーし**なければならない**。そのためインターネットで知識を得ただけであっても、②いかにもその専門家であるかのように振る舞うことになる。

66 「学芸員がいわば科学ソムリエの役割を果たしている」라고 되어 있으므로 학예원의 역할에 대하여 쓰여 있는 이 곳이 힌트가 된다.

67 선택지2「プライドが高い」, 선택지3「ごまかせる」, 선택지4「インターネットさえあれば…できる」라는 학예원에 대하여 부정적인 표현이 있는 선택지는 고르지 않는다.

68 고생이 많아 힘든 일이라는 것이 반복되어 말해지고 있다.

☆암기하자!

□～に関わる : ～에 관계하다
□受賞 : 수상
□～つつ : ～하면서
□解説 : 해설
□いわば : 말하자면
□工夫する : 궁리하다
□絶えず : 끊임없이
□事態 : 사태
□生じる : 생기다
□分野 : 분야
□範囲 : 범위
□振る舞う : 행동하다

제3회

문자·어휘

문법

독해

청해

141

問題12

69 정답：4　**70** 정답：4

A

最近は子供にスマートフォンを渡して、自由に使わせる親が増えているという。いわゆる「スマホ育児」というやつだ。私が子育てをしていた時代には、そんな物などなかったので、静かにしてほしい場所で子供が泣き出したり、動き回ったりしたときは、必死になだめたものだ。そんな状態では子供がかわいいだなんてとても思えなかった。だから親が疲れ果て、子供にイライラしてしまう前に、便利なものに頼ってもいいと思う。**70** 確かに、長時間の利用は視力を低下させる、発達を妨げるなど懸念もある。それらをしっかり理解したうえで、便利なものを取り入れながら、心に余裕を持って子供と向かい合えるなら、スマホ育児は決して悪いものではないと思う。

70　A도 B도 발달에 대한 악영향에 대하여 말하고 있다.

B

この前、食事に行ったとき、若い夫婦が3歳くらいの子供にスマホを持たせ、自分たちはゆっくりと食事をとっていた。確かに子供がいると、親は満足に食事すらできない。しかし、子供の社会性やコミュニケーション能力を育てるためには、積極的なコミュニケーションをとるべきであり、それこそが親の責任というものだろう。そもそも脳が未発達の**70** 幼少期にスマホを使わせすぎれば、子供に悪影響を及ぼすことは様々な専門家が指摘している事実である。長い人生において、子育てする時間は短い。子供の将来を思えば、ほんのわずかな時間、親が楽しみたいからという理由で、簡単にスマホを与えてはならないと思う。

□いわゆる：소위 / 이른바
□必死に：필사적으로
□頼る：의지하다
□低下する：저하하다
□発達：발달
□妨げる：방해하다
□取り入れる：받아들이다
□余裕：여유
□満足：만족
□コミュニケーション：커뮤니케이션
□及ぼす：미치게 하다
□事実：사실
□人生：인생
□～において：～에 있어서
□ほんのわずか：아주 조금

제3회

문자·어휘

문법

독해

청해

問題 13

71 정답 : 4　**72** 정답 : 1　**73** 정답 : 2

문장의 내용

· 젊었을 때 부모란 영원히 촌스럽고 건강하고 방해가 되는 존재였다.

· 부모가 나이든 것을 느끼고 부모가 영원히 건강한 것은 아니라는 것을 깨달았다.

· 「私」는 어머니가 늙는 것을 외면했다. 아버지가 어머니를 돌보았다.

　若い時には視野に入らないのに、人生の後半に差し掛かった辺りで徐々に姿を現す壁がある。例えば、親の老化。この問題の大変さを多くの人が味わうことになるのだが、実際に直面するまではなかなかぴんとこないものだ。

　思春期くらいの頃、親のやることなすことにいちいちイラッときた。一緒にテレビを観ている時に笑うタイミングが気に入らない。「おへそ出てるよ」「へー、そう」という会話に大喜びしている両親の姿を見ると、心がドライアイスのように冷たくなった。あーやだ、どうしてうちの親はこんなにダサいんだろう。そのくせこっちの生活にあれこれ口を出してくる。当時の自分にとって、**71親とは永遠にダサくて元気で邪魔な存在**だった。

　だが、**71その永遠に**、①小さな亀裂が入る日が来る。大学生の時だった。私は実家から遠い大学に入ってすっかり羽を伸ばしていた。親のダサさも口出しもここまでは届かない。そんな或る日、一年ぶりに実家に帰って彼らの顔を見た瞬間に、あれ？　と思った。なんか、老けてる？　でも、そりゃそうか、とすぐに思い直す。もう歳だもんな。でも、相変わらずうるさいし、ぴんぴんしてるから、まあいいや。

　本当の恐怖を味わったのは、それから二十数年後だった。或る夕方、居間に二人でいた時のこと。母親が私に云った。

　「今は昼かい？　夜かい？」

　②ぞっとした。夕方だよ、と投げつけるように答えてしまった。彼女は呆けていたわけではない。ただ持病の手術で入院していて、家に戻ったばかりだったのだ。そんな場合は昼夜の区別が曖昧になることがある、と後から聞かされたのだが、その時はひたすらこわかった。母が壊れてしまった、と思った。

　親に対する意識は激変した。ダサくてもうるさくても、とにかく元気でさえいてくれればいい。だが、母は少しずつ確実に弱っていった。彼女の持病は糖尿病だった。徐々に目が見えなくなり、腎臓の機能が落ちて透析も始まった。

71 직전의「その永遠」은 부모가 건강한 것.

72 「ぞっとする」는 추위와 두려움으로 순간적으로 몸이 떨리는 것. 필자는 간단한 것도 할 수 없는 어머니를 보고 어머니의 늙음을 깨닫고 두려워졌다.

73 이야기의 흐름을 알고 있다면 답할 수 있다.

でも、「今は昼かい？　夜かい？」の後、真のこわさに直面することはなかった。私は彼女の老いから目を背けていた。それができたのは、全ての面倒を父が看ていたからだ。病院への付き添い、介護、家事、その他を、彼は一人でこなしていた。妻を守ると同時に子供である私をも守ろうとしていたのだろう。

⭐ 암기하자!

☐姿を現す壁がある : 모습을 드러내는 벽이 있다

☐ぴんとこない : 딱 느껴지지 않다 (감각적인 느낌이 없는 것)

☐イラッと : (순간적인) 화가 나는 모습

☐ダサい : 촌스럽다 / 세련되지 못하다

☐(お)へそ : 배꼽

☐大喜び : 큰 기쁨

☐そのくせ : 그 버릇

☐あれこれ : 이것 저것

☐口を出す : 참견하다

☐～にとって : ～에게는

☐永遠に : 영원히

☐羽を伸ばす : 날개를 펴다

☐瞬間 : 순간

☐ぴんぴん : 팔팔 / 씽씽

☐とにかく : 하여간 / 어쨌든

☐さえ : 조차

☐確実に : 확실하게

☐機能 : 기능

☐こなす : 해내다

問題14

74 정답 : 2　　**75** 정답 : 2

ひまわり市 公共施設利用予約について

市民のみなさんが、テニスやバスケットボール等のスポーツをしたり、茶道や合唱等の趣味を楽しんだり、会議などを開くときに、市内の公共施設がご利用いただけます。利用できる施設は、集会施設、公園施設、スポーツ施設、市民ホールです。

● **利用方法について**

　初めて利用される方は、事前に地域課の窓口で利用者登録が必要となります。

　※　利用者登録に必要なもの

　　✓　住所・氏名・生年月日がわかる身分証明書（運転免許証・パスポート・健康保険証等）をお持ちください。

　　✓　学生の方は、身分証明書（運転免許証・パスポート・健康保険証等）とあわせて学生証が必要です。

　　✓　利用者登録料 1,500円

　利用者登録後、利用者登録カードを発行いたします。利用者登録カードは、施設予約、利用の際に必要になります。

● **施設の予約について**

　インターネットまたは地域課の窓口で予約が可能です。

　インターネット予約をご利用の際は、ひまわり市のホームページにアクセスし、利用者登録カードに書かれた利用者IDとパスワードを入力してください。市内各所の施設予約や予約の確認および空き状況を確認することができます。

● **使用料の支払いについて**

　使用料は、利用する前までに地域課または各施設の窓口でお支払いください。

　使用料は、施設によって異なります。地域課または各施設にお問い合わせください。

● **キャンセルについて**

　利用2日前まではインターネットからのキャンセルが可能です。利用前日、利用当日のキャンセルは、ご利用予定の施設で手続きを行います。必ず各施設へ電話連絡をお願いします。利用2日前までにキャンセルの手続きをされた方には、事前にお支払いいただいた使用料を返金いたします。インターネットまたは地域課の窓口で返金手続きを行います。当日および前日に自己都合で利用を取り消す場合は、キャンセル料として使用料をいただきますのでご注意ください。

ひまわり市役所　　地域課
電話 : 0678-12-9876

---

74 이용자 등록을 위해 신분증명서와 1,500엔이 필요. 학생은 학생증도 필요.

75 「キャンセルについて」에 주목한다. 이용당일에 취소할 경우 「電話連絡をお願いします」라고 되어 있다.

⭐ **암기하자!**

□ 施設 : 시설

□ 集会 : 집회

□ 利用者登録 : 이용자 등록

□ 身分証明書 : 신분증명서

□ 運転免許証 : 운전면허증

□ 健康保険証 : 건강보험증

□ 在学証明書 : 재학증명서

□ 可能 : 가능

□ アクセス : 액세스 / 접속

□ 返金する : 환불하다

□ 自己都合 : 개인사정

청해

問題1

例　正答：3

◀)） N2_3_03

病院の受付で、女の人と男の人が話しています。男の人はこのあとまず、何をしますか。

F：こんにちは。

M：すみません、予約はしていないんですが、いいですか。

F：大丈夫ですが、現在かなり混んでおりまして、1時間くらいお待ちいただくことになるかもしれないのですが…。

M：1時間か…。大丈夫です、お願いします。

F：はい、承知しました。こちらは初めてですか。初めての方は、まず診察券を作成していただくことになります。

M：診察券なら、持っています。

F：それでは、こちらの書類に症状などをご記入のうえ、保険証と一緒に出してください。そのあと体温を測ってください。

M：わかりました。ありがとうございます。

男の人はこのあとまず何をしますか。

1番　정답：2

女の人と男の人が天気予報を見ながら話しています。女の人はこのあとまず何をしますか。

F：今回の台風、かなり強いんだね。50年に一度の超大型台風だって。

M：明日の明け方に上陸するから、電車は終日運休になりそうだね。

F：明日は出勤できないんじゃない？

M：様子を見て、**1無理そうだったら上司に連絡する**よ。そういえば、洗濯物は中に取り込んだ？　もうかなり風が強くなってるけど。

F：あ、いけない！　完全に忘れてた。

M：しようがないな。手伝うよ。あ、それと台風が来る前に食料を買い込んだほうがいいかも。この前台風が来たあと、どの店も閉まってて困ってたでしょう。

F：そうだね。三日分あればなんとかなると思う。**4おかずの作り置き**もあるし。

M：早く買いに行かないとお店閉まっちゃうかも。**3スーパーに行って来る**から、悪いんだけど、**2洗濯物は任せてもいい**？

F：うん。わかった。気をつけて。

女の人はこのあとまず何をしますか。

1 내일 상황을 보고한다.

2 ○

3 남성이 간다.

4 「作り置き」는 요리를 만들어 보존해 두는 것. 지금은 만들지 않는다.

기하자!

□ 超大型台風：초대형 태풍
□ 明け方：새벽녘
□ 出勤：출근
□運休：운행중지
□取り込む：거두어 들이다
□買い込む：사 들이다
□任せる：맡기다

大学で、男の学生と女の学生が話しています。女の学生はこのあとまず、何をしますか。

M：松川さん、卒業論文の研究どう？　進んでる？　もう、論文書いてるの？

F：それが、全然進んでなくて…。論文は、初めのほうは書いたんだけど。それより今、大学生対象のアンケート調査をしているんだけど、人数が少ないからか、傾向が出なくて…。

M：そっかあ。今から追加でアンケート調査したら？

F：それも考えたんだけど、もうやってくれそうな知り合いがいないんだ。時間もあまりないし。

M：うーん、ゼミの先生には相談した？

F：うん。でも、先生にもやっぱり調査人数を増やしたほうがいいって言われたよ。

M：そっか…。あ、**3僕のサークルの後輩で、やってくれそうな人がいないか、探してみようか？** ——— **3** 남학생이 조사해 줄 사람을 찾는다.

F：え、いいの？

M：うん、後輩、たくさんいるし、時間もあるから、やってくれると思うよ。今、連絡して、今日中にまた松川さんに連絡するよ。**4すぐ調査できるように準備しておいて。** ——— **4** 여성은 남성의 후배에게 조사를 부탁할 수 있도록 준비를 해 둔다.

F：ありがとう。助かるよ。

女の人はこのあとまず、何をしますか。

제 3 회　문자·어휘　문 법　독 해　청 해

⭐**암기하자!**

□論文：논문
□研究：연구
□傾向：경향
□追加：추가
□知り合い：지인
□やっぱり：역시
□助かる：도움이 되다

会社で、女の人と男の人が話しています。男の人はこのあとまず何を
します か。

F：大山さん、今朝お願いした資料、もうコピーしました？

M：さっきコピーしようと思ったらコピー機が壊れちゃって…。業者さ
んに修理に来てもらおうと思って、今、電話するところです。

F：それが、資料に差し替えなければいけない箇所が見つかって作り
直すことになったんです。50部もコピーする前に止めなきゃって
…。

M：え、そうですか。危なかった…。いいタイミングに壊れましたね。

F：本当ですね。あ、コピー機の修理ってけっこう時間かかるんです
よ。業者さんもすぐに来られるとは限らないので、**1すぐに連絡し
たほうがいい**ですよ。　　　　　　　　　　　　　　　— **1** ○

M：そうですね。そうします。

F：あ、あと、すみません、資料の作り直し、一人だと来週の会議
に間に合わないので、手伝っていただけませんか。

M：いいですよ。**3・4午後一で打ち合わせが入っていていろいろ準備**　— **3・4** 업자에게 전화→
しないといけないんで、そのあとでもいいですか。　　　　　　회의 준비→회의→도움

F：大丈夫です。ありがとうございます。

男の人はこのあとまず何をしますか。

2 복사기가 고장나서
복사를 할 수 없다.

 기하자!

□業者：업자
□差し替える：교체하다
□壊れる：고장나다
□箇所：개소／장소
□打ち合わせ：회의

学校で、男の学生と女の学生が話しています。女の人はこのあとすぐ何をしますか。

M：体調、悪そうだね。大丈夫？

F：うーん。熱っぽくて。**1朝、薬を飲んだ**ら、ちょっとましになったんだけど。　　　　　　　　　　　　　　　— **1** 약은 이미 먹었다.

M：そうなんだ。無理しないで、今日はもう帰って寝たら？　病院にはもう行ったの？

F：ううん、まだ。この授業のあと、行こうと思ってるんだけど…。

M：行ったほうがいいよ。富士病院って知ってる？　うちの大学の学生だと、安くみてくれるよ。

F：そうなの？　知らなかった。じゃあ、その病院に行こうかな。

M：あ、でもあの病院、予約しないといけないんだった。当日予約するんだけど、朝一番でしないと、遅くまで待つことになるんだよね。

F：そっかあ、今日たくさん待つのはちょっとやだなぁ。こうしている間にも、頭が痛くなってきたし。**3・4病院は明日の朝、予約していくことにする**よ。　　　　　　　　　　— **3・4** 병원은 오늘 가지 않는다. 내일 예약하고 간다.

M：わかった。**2今日はもう無理しないで。先生には伝えておくから。**寝たほうがいいよ。　　　　　　　　　　　　　　— **2** ○

F：ありがとう。じゃあ、今日はもう行くね。

女の学生はこのあとすぐ何をしますか。

⭐**암**기하자!

□体調：몸 상태
□熱っぽい：열이 있는 듯한
□当日：당일
□朝一番：아침에 가장 먼저 하는 일. 「朝イチ」라고도 한다.

介護施設で、施設のスタッフと女の人が話しています。女の人はこのあと何をしますか。

M：今日は当施設にボランティアに来ていただきありがとうございます。かんたんに一日の流れを説明しますね。

F：はい。

M：今日は中村さんという80代の女性のサポートをしていただきます。**1まず、自己紹介**して、しばらくおしゃべりしていてください。中村さんは歌がお好きなので、一緒に歌うのもいいと思いますよ。

F：正直、歌は自信がないのですが…。動画サイトで曲を一緒に聞いてもいいですか。

M：ええ。**2説明のあとで、ここのWi-fiのパスワードを教えます**ね。

F：お願いします。

M：食事はお手伝いが必要なので、まずお昼ご飯を食べさせてあげて、それからご自分の分を召し上がってください。食堂に用意しておきます。

F：はい。

M：午後はイベントがあるので、一緒に参加していただいて終わりです。あ、最後にレポートの記入もありますね。だから**4サポートの合間に気づいたことをメモしておくといい**かもしれません。

F：わかりました。一日、よろしくお願いいたします。

女の人はこのあと何をしますか。

1・2 설명→Wi-fi（인터넷）설정→나카무라 씨에게 인사하고 자기소개

3 점심 준비는 하지 않는다.

4 서포트 중간에 메모한다.

기하자!

□介護：개호 / 간호
□施設：시설
□流れ：흐름
□動画サイト：동영상 사이트
□パスワード：패스워드
□合間：사이 / 중간
□サポート：서포트

問題2

例　正答：4

テレビ番組で、女の司会者と男の俳優が話しています。男の俳優は、芝居のどんなところが一番大変だと言っていますか。

F：富田さん、今回の舞台劇『六人の物語』は、すごく評判がよくて、ネット上でも話題になっていますね。

M：ありがとうございます。今回は僕の初舞台で、たくさんの方々に観ていただいて本当にうれしいです。でも、まだまだ経験不足のところもあって、いろいろ苦労しました。

F：動きも多いし、かなり体力を使うでしょうね。

M：ええ。セリフもたくさんおぼえなきゃいけないから、つらかったです。

F：そうですよね。でもすごく自然に話していらっしゃいました。

M：ありがとうございます。空いている時間は全部練習に使ったんですよ。でも、間違えないでセリフを話せたとしても、キャラクターの性格を出せないとお芝居とは言えないので、そこが一番大変でしたね。

男の俳優は、芝居のどんなところが一番大変だと言っていますか。

1番　正答：3

デパートのアナウンスを聞いています。赤ちゃんと一緒に使えるトイレは何階にありますか。

F：（ピンポンパンポーン）本日は、東京デパートをご利用いただき、まことにありがとうございます。館内のご案内をいたします。当館は、地下2階から4階までの6フロアございます。駐車場は地下2階、地下1階は食品売り場、1階から3階は衣料品やアクセサリー、スポーツ用品などを扱っております。4階はレストランフロアです。お手洗いは各フロアにございますが、**小さなお子様とご利用いただけるお手洗いは地上の偶数階のみ**となっております。ご了承ください。

赤ちゃんと一緒に使えるトイレは何階にありますか。

지상4층 건물이므로 짝수층은 2층과 4층.

□アナウンス:아나운스
□フロア:플로어
□扱う:다루다/취급하다
□偶数:짝수 ⇔ 奇数:홀수

2番　정답 : 1

🔊 N2_3_12

工場で男の人と女の人が話しています。男の人は仕事の何が変わったと言っていますか。

M : 新井さん、少しいい？　今やっている仕事のことでちょっと話が。

F : はい、何でしょうか。

M : 今、車の部品の生産をしてるけど、来週から変更があるんだ。**納品の日程が前倒しになって、1週早く仕上げないといけなくなっちゃってね。**

F : そうですか。早くなるっていうことは数なども変更があるんですか。

M : 残念だけど、それは変更なしなんだよね。だから、みんなには少し急いで作業をしてもらいたくて。

F : そうすると、作業する人を増やしていただきたいんですが。

M : そうだね…。他の部署も忙しそうだけど、ちょっと聞いてみるかなあ。たいへんな分、ボーナスを出してくれるよう社長に相談してみるよ。とりあえずそういうことだから、いっしょに頑張ろう。

男の人は仕事の何が変わったと言っていますか。

「前倒し」는 예정을 앞당기는 것. 생산 예정이 앞당겨지는 것에 대하여 이야기하고 있다. 수, 사람, 월급에 대해서는 변경이 없다.

□部品:부품
□生産:생산
□変更:변경
□納品:납품
□日程:일정
□仕上げる:일을 끝내다
□作業:작업

日本語学校で女の人と男の人が話しています。男の人は日本語学校
のイベントで何が一番よかったと言っていますか。男の人です。

F：ダンさん。3月でもう卒業だけど、学校生活、どうだった？

M：そうだな。去年の夏に行った大阪旅行はとってもよかったね。

F：ああ、あれは私も一番楽しかった。大阪は東京とは町も人も全
　然違っててほんとに驚いたよ。じゃあ旅行が一番よかった？

M：一番かと聞かれるとどうかな…。ほかにも、工場見学とか、文
　化祭とかあったでしょ？　工場は普段見られないものが見られて
　貴重な体験だったし、文化祭もみんなでお店を出したのは忘れ
　られない思い出だよ。でも、意外って言われるかもしれないけ
　ど、**秋に介護施設のボランティアに行ったでしょ？　僕の中では**
　何と言ってもあれかな。

F：え、そう？　私はあんまりおもしろくなかったけど。

M：僕の国ってああいう施設があんまりなくてね、ショックだったの
　と、国の両親がもう年だからいろいろ考えさせられたよ。

男の人は日本語学校のイベントで何が一番よかったと言っています
か。

「何と言っても」は最高임을 강조하는 어투→개호시설이 가장 좋았다

⭐ **암** 기하자!

□学校生活：학교생활
□驚く：놀라다
□普段：평소
□貴重な：귀중한
□体験：체험
□思い出：기억
□介護施設：개호시설
□ボランティア：봉사활동

4番　정답：3

学校で男の学生と女の学生が話しています。女の学生はこのあと、どこへ行きますか。

M：おはよう。今日提出のレポートは何ページくらいになった?

F：グラフや写真を入れたら6ページにもなっちゃった。ほら、これ…あれ?

M：どうしたの?　まさか忘れちゃった?

F：あれ?　おかしいな。さっき図書館でプリントアウトしたのに。

M：それからどうしたの?

F：そのあとは…コンビニにコーヒーを買いに行ったんだけど、その時はちゃんと手に持ってたはずだし…。**それでコーヒーこぼしちゃったから、トイレに行って…**うーん、おぼえてない。

M：もう一回図書館に行ってプリントアウトしてきたら?

F：でも、もうすぐ授業が始まっちゃう。

M：先生の研究室に行って、理由を言えば許してくれるんじゃない?

F：授業のはじめにレポートを回収して、それ以降はどんな理由があっても受け取らないって先生言ってたでしょ?　いつも期限を守るようにって厳しく言ってるんだから無理に決まってる。

M：ずっと手に持ってたんなら、どこかに置いたときわかるんじゃない?

F：あ、そうだ!　**濡れるといけないからと思って、鏡の前に置いた**んだった。急いで取ってくる。

女の学生はこのあとどこへ行きますか。

지금까지 갔던 곳과 「濡れるといけないからと思って、鏡の前に置いた」라는 정보로부터 화장실 거울 앞에 잊어버린 것을 알 수 있다.

 기하자!

□プリントアウト：프린트 아웃/출력
□期限を守る：기한을 지키다
□濡れる：젖다

駅のアナウンスを聞いています。明日の朝、電車は何時から乗ることができますか。

F：いつも東駅をご利用いただき、まことにありがとうございます。明日の朝の計画運休についてご案内します。明日の朝、台風の接近が予想されております。それにともない、6時の始発から、すべての線で運休となります。9時から雨が弱まった場合は運転を再開しますが、その場合も南駅まではまいりませんのでご注意ください。手前の駅までの折り返し運転となります。すべての線の運転再開は12時を見込んでおります。なお、15時からは再び雨風が強くなるという予報が出ており、再度運休のおそれもございます。あらかじめご了承ください。

明日の朝、電車は何時から乗ることができますか。

기하자!

□接近：접근

□始発：시발

□再開する：재개하다

□手前：바로 앞

□見込む：여기서는 「～と予想している(예상하다)」라는 뜻

□～のおそれがある＝ (나쁜 일)~할 가능성이 있다

□あらかじめ：미리

「計画運休」란 계획적으로 전철이나 비행기 등을 운행중지하는 것

이야기의 내용

· 東駅~南駅의 전철은 아침부터 모두 쉬는 날

· 9시에 비가 약해지면 중간역까지 갔다가 집으로 돌아온다

· 東駅~南駅까지 전철이 달리는 것은 12시경

· 15시경 다시 운행 중지 가능성이 있다

제3회

문자·어휘

문법

독해

청해

6番　정답：3

会社の面接で、男の人が話しています。男の人は、自分の良くないところはどこだと言っていますか。

F：えー、それでは、次に自分の性格について話してください。

M：はい。私は、小さい頃から決断力がない、なかなか自分の意見を決められない人だと言われてきました。決めるまで時間がかかり、周りの人が先に意見を出すと、ついそれに従ってしまいます。ただ、自分で何も考えていないかといえばそうではなく、考えをまとめるまで時間がかかるだけなのです。私の中では、**短所は決断力のなさというよりは、考え抜くことを諦めてしまう性格**だと思っています。ただ、自分の考えにこだわらないことは仕事上での変化に柔軟に合わせられ、同時に長所にもなるのではないかと思っています。以上です。

男の人は、自分の良くないところはどこだと言っていますか。

「考え抜く」는「最後まで考えること」.

⭐암기하자!

□面接：면접

□性格：성격

□周り：주변

□つい：(자신도 모르게) 바로 / 그냥

□短所：단점

□決断力：결단력

□考え抜く：끝까지 생각하다

□諦める：포기하다

□柔軟：유연

□従う：따르다

□同時に：동시에

問題3

例　正答：2

日本語学校で先生が話しています。

F: 皆さん、カレーが食べたくなったら、レストランで食べますか、自分で作りますか。作り方はとても簡単です。じゃがいも、にんじん、玉ねぎなど、自分や家族の好きな野菜を食べやすい大きさに切って、ルウと一緒に煮込んだらすぐできあがります。できあがったばかりの熱々のカレーももちろんおいしいのですが、実は、冷蔵庫で一晩冷やしてからのほうがもっとおいしくなりますよ。それは、冷めるときに味が食材の奥まで入っていくからです。自分で作ったときは、ぜひ試してみてください。

先生が一番言いたいことは何ですか。

1　カレーを作る方法

2　カレーをおいしく食べる方法

3　カレーを作るときに必要な野菜

4　カレーのおいしいレストラン

学校で先生が話しています。

M：お子さんの成績が落ちた時についてですが、お母さま、お父さまが**一生懸命励ますより、そっと見守ってあげるのが効果的**だと私は考えています。叱ったほうがいいんじゃないか、声をかけて励ましたり、一緒に勉強してあげるのがいいんじゃないかとお考えになる方もたくさんいらっしゃるかと思います。しかし、うちの学校の生徒のように、普段から真面目に取り組んでいる子供にいろいろと言うのは子供たちのプレッシャーになりかねません。実際にそれが原因で、受験や成長に悪い影響を与えてしまったケースも少なくないのです。

先生が伝えたいことは何ですか。

1　子供を一生懸命励ますべきだ

2　子供をそっと見守るべきだ

3　子供を叱るべきだ

4　子供と一緒に勉強するべきだ

1 격려하다, 3 꾸짖다, 4 함께 공부하다 등을 하면 아이들의 부담감이 된다. 가만히 지켜보는 것이 좋다.

⭐ 암기하자!

□励ます : 북돋우다 / 격려하다

□叱る : 꾸짖다 / 야단치다

□見守る : 지켜보다

□効果的 : 효과적

□取り組む : 대처하다

□プレッシャー : 프레셔 / 압력 / 부담

□～かねない : ~의 가능성이 있다 (※좋은 일에는 사용하지 않는다)

2番　정답：3

女の人と男の人が話しています。

F：もうすぐ、お父さんの誕生日でしょ。プレゼント、悩んでたみたいだけど、結局何にした？

M：あぁ、それなんだけど、手紙だけでいいかなって。

F：ええ、あんなにいろいろ考えてたのに？

M：うん。はじめは高価なものを何か一つって考えてたんだけど、思ったよりお金がなくてさ…。

F：まあ気持ちが一番っていうのはその通りだと思うけど…。

M：手紙だけだとやっぱ物足りないかな。社会人になって初めての誕生日だし、**何か少しでもいいものをあげたほうがいいとは思うんだけどさ。**

F：いいものじゃなくても、例えば食事をごちそうして、いろいろ話す時間を作るとか、そういうのでもいいんじゃない？　学生のとき、お父さんにしてこなかったことをしてあげるとか。

M：え、そう？　うーん、もう少し考えてみるよ。

男の人は、親へのプレゼントについてどう思っていますか。

1　手紙だけあげればいい

2　気持ちだけでいい

3　高いものをあげるのがいい

4　してこなかったことをしてあげるのがいい

남성은 돈이 없으므로 편지만 준다고 말했지만 사실은 무언가 조금이라도 좋은 것을 주는 것이 좋다고 생각한다.

⭐암기하자!

□高価な：고가의
□物足りない：어딘가 부족하다

3番　正答：3　　

大学の授業で先生が話しています。

M：はい、では、今日の授業はこれで終わりです。来週ですが、今日出した課題、忘れずにやってきてください。課題の調査対象ですが、見つからなかった場合は、みなさんのサークル仲間やアルバイト仲間など、仲が良い友達にお願いしてみてください。もし、それでも集まらないようでしたら、私に相談してください。私の知り合いの学生を紹介します。調査をしていないのに、したように嘘を書くのは絶対にやめてください。わかった時点で単位はあげられません。では、大変だと思いますが、頑張ってくださいね。

先生は何について話していますか。

1　先生の知り合いの学生

2　調査対象にお願いする内容

3　調査対象の探し方

4　嘘をつかないことの大切さ

기하자!

□課題：과제
□調査対象：조사대상
□仲間：동료
□知り合い：지인
□嘘：거짓
□単位：단위 / 학점

·주말까지 과제로서 조사를 해야 한다.

·대상은 친구에게 부탁한다

·찾지 못할 때는 선생님에게 소개받는다

·거짓말을 하면 학점을 받지 못한다

男の人と女の人が話しています。

M：あの映画、面白かったでしょ。

F：ああ、あれね。この前見に行ったけど、とっても良かった。**1何といっても音と映像がすばらしくて。** 私、映画を見にいくといつも眠くなっちゃうんだけど、あの映画は全然。内容が面白かったのも大きかったかな。

M：あと、あの俳優さん。綺麗だし、演技も上手だったでしょ。あの俳優さんが出てる映画ってどれもヒットしてるんだ。

F：確かにそうだね。あの俳優さんが出てる作品って、監督も同じじゃない？　監督もすごいんだろうね。

M：そうかもね。僕は**1音とか映像とかっていう技術的な部分**じゃなくて、**3やっぱ俳優さんが大事。** 個人的には、一昨年彼女が主演で出てた映画が一番好きだな。監督は別の人だったけど。

F：私は俳優さんの演技も大切だけど、**1新しい技術を活かした映画**がいいなあ。私はこの前見た映画が今まで見た中で一番よかったよ。

女の人は、映画についてどう思っていますか。

1　音や映像が大切
2　内容の面白さが重要
3　出演している俳優の演技が大切
4　映画を作っている監督が重要

― 여성은 소리와 영상 (= 기술적인 부분) 이 뛰어난 영화를 좋아한다.

― 남성은 출연하는 배우가 중요하다고 생각한다.

⭐암기하자!
□映像：영상
□大きかったたかな：큰 이유였겠지
□綺麗：아름답다/예쁘다
□監督：감독
□演技：연기
□作品：작품
□活かす：살리다

이야기의 내용

자신감을 가지고 이야기하기 위해서는 릴렉스가 중요. 그러기 위해 여성이 하고 있는 것은

· 크게 호흡을 들이마셨다 뱉는다

· 따뜻한 것을 마신다

· 사이 좋은 친구에게 전화한다

ラジオで女の人が話しています。

F：こんにちは。「お悩み相談コーナー」の時間です。今日は25歳の男性からのお悩みです。「僕は今、転職活動をしているのですが、面接のときに緊張してしまい、上手く話せません。どうしたらいいでしょうか」ということです。実は私も毎回ラジオでは緊張してるんですよ。**自信を持って話すっていうのが一番大切**だと思います。いつも本番前に大きく息を吸って吐いたり、温かいものを飲んでリラックスしたり。仲のいい友達に電話することもあります。そうすることで、気持ちも落ち着いて、面接も少しはリラックスして受けられるんじゃないでしょうか。それに、友達に「大丈夫」って言われると、自信もつきますしね。

女の人は男の人の悩みについてどう答えていますか。

1　自信を持って話すといい

2　大きく息を吸って吐くといい

3　温かいものを飲むといい

4　友達に電話するといい

暗기하자!

□お悩み相談：고민상담

□緊張：긴장

□転職：이직

□本番：실전

□息を吸って吐いたり：숨을 들이쉬었다가 내뱉거나

問題 4

例　正答：1　　🔊 N2_3_25

> F：あれ、まだいたの？　とっくに帰ったかと思った。
>
> M：1　うん、思ったより時間がかかって。
>
> 　　2　うん、予定より早く終わって。
>
> 　　3　うん、帰ったほうがいいと思って。

1番　正答：2　　🔊 N2_3_26

> F：どうも、すっかりご無沙汰してしまいまして。
>
> M：1　そうしていただければ幸いです。
>
> 　　2　こちらこそご無沙汰しております。
>
> 　　3　いえいえ、光栄です。

오랜만에 만난 사람과의 정중한 인사

2番　正答：1　　🔊 N2_3_27

> F：このプロジェクト、せっかくここまでやってきたんですけどね…。
>
> M：1　途中で終わるなんて、残念ですね。
>
> 　　2　無事に終わってよかったですね。
>
> 　　3　がんばったかいがありましたね。

せっかく～のに＝시간과 노력을 들여～했지만 그 결과나 효과가 없는 경우

3番　正答：2　　🔊 N2_3_28

> F：このテーブルを捨てるの、手伝ってくれるとうれしいんだけど。
>
> M：1　ちょうどほしかったんだ。
>
> 　　2　もちろん、やるよ。
>
> 　　3　そうなるといいね。

⭐암기하자!

□～てくれるとうれしい：타인에게 무엇을 부탁할 때의 표현

4番　正答：3　　🔊 N2_3_29

> F：お飲み物はいつお持ちしましょうか。
>
> M：1　あとでお持ちします。
>
> 　　2　コーヒーお願いします。
>
> 　　3　食後にお願いできますか。

레스토랑에서의 대화. F는 점원으로 음료를 식사와 함께 가져올지 식사 후에 가져올지를 묻고 있다.

5番　正答：2　　🔊 N2_3_30

> M：やるやるとは聞いてたけど、まさかほんとにねえ…
>
> F：1　うん、ほんとによく伝わったよね。
>
> 　　2　うん、やるとは思わなかったよね。
>
> 　　3　うん、やめておいてよかったよね。

□まさか＝絶対〜ないだろう 설마
여기서는 「まさか本当に（やるとは思わなかった）」라는 말의 생략형

6番　正答：1　　N2_3_31

M：ねえ、今日は大雪だっていうのに仕事に行かなきゃいけないの？

F：1　うん、行かないわけにはいかないんだ。

　　2　うん、雪が降らないかぎり仕事に行くよ。

　　3　うん、休むといったら休むよ。

〜わけにはいかない＝〜해야 한다

7番　正答：3　　N2_3_32

F：この前のテスト、目標の点数まであとわずかでした。

M：1　目標以上でよかったですね。

　　2　全然足りませんでしたか…。

　　3　もうちょっとでしたね。

□わずか＝少し 조금

8番　正答：1　　N2_3_33

M：（咳）あー、昨日から鼻水と咳が出てしょうがない。

F：1　風邪ひいたっぽいね。

　　2　あきらめるしかないね。

　　3　しょうがは風邪に効くっていうからね。

〜てしょうがない：（감정이나 몸의 감각이）매우 〜하다（〜하여 어쩔 수 없다）

□しょうが：생강 ※상기 내용과는 상관 없음

9番　正答：2　　N2_3_34

F：田中さん、いつも朝ご飯抜きなんですか。

M：1　ええ、毎朝食べますよ。

　　2　食べる時間がなくて…。

　　3　パンとサラダが多いですね。

□朝ご飯抜き＝朝ご飯を食べない 조식 생략

10番　正答：2　　🔊 N2_3_35

M：旅行するとしたら、どこへ行きたい
　　です か。

F：1　温泉へ行きましたよ。

　　2　海外ならどこでもいいです。

　　3　大阪がおすすめですよ。

旅行するとしたら＝여행한다면

11番　正答：3　　🔊 N2_3_36

F：去年に比べて、今年は雨の日が多い
　　そうですよ。

M：1　今年も多いんですか。

　　2　去年ほど雨は降らないんですか。

　　3　去年が少なかったようですね。

～に比べて＝～より ～에 비해서/～보다

12番　正答：1　　🔊 N2_3_37

F：このお店、味はともかく安くていい
　　ですね。

M：1　これでおいしかったら最高です
　　　　ね。

　　2　安くておいしい、いい店です
ね。

　　3　高いお店は、味もいいですね。

～はともかく＝～は別にして ～는 그렇다 치고

問題5

1番　正答：2

二人の女の人が話しています。

F1：ねえ、今何か習い事してる？

F2：ううん。特には。なんで？

F1：フラダンス興味ない？　体験レッスンがあるんだけど、一緒に行かないかなと思って。

F2：えー。私、運動神経ゼロ。

F1：私も運動得意じゃないけど、そういう人いっぱいいるって。

F2：そうなんだ。じゃあ、やってみてもいいかな。

F1：行こうよ。このサイト見て。体験レッスンは1回1時間。で、今週空いてるのが、水曜日の11時からと2時からと、あと、土曜日の1時からも空いてる。

F2：水曜日の午前中はバイトで、土曜日は終日予定あり。

F1：あ、日曜日の9時も空いてるけど。

F2：うーん、朝早いね。ちょっと見せて。それなら、やっぱりここがいいかな。バイト終わってから急げばギリギリ間に合いそう。

F1：ほんと？　じゃあ、そうする？　教室の場所、URL送っておくね。

F2：うん、ありがとう。もし遅れたら待たなくていいから。

F1：あ、ごめん、木曜日の2時っていうのもあった。

F2：いい、大丈夫。もう、これで決めちゃおう。

二人はいつ体験レッスンに行くことにしましたか？

1　水曜日の11時

2　水曜日の2時

3　木曜日の2時

4　日曜日の9時

체험 레슨

①수요일 11：00 ～

②수요일 2：00 ～

③토요일 1：00 ～

④일요일 9：00 ～

여성은 수요일 오전 중과 토요일 하루 종일 아르바이트가 있으므로 ①③은 갈 수 없다. ④는 이른 아침이므로 ②로 한다.

□習い事してる：배우러 다니다

□フラダンス：훌라댄스

□体験レッスン：체험 레슨

□運動神経：운동신경

□得意：잘함/특기

□終日：종일

□ギリギリ間に合う：겨우 시간에 맞추다

会社で三人が話しています。

M1：来週の鈴木建設でのプレゼンで使う資料どうなってる？

M2：はい。だいたい完成していますが、売り上げデータはこれからいちばん新しいものにします。

F：あと、商品のロゴですが、鈴木建設からデザイン修正の要望があったので、制作部のほうに回しました。

M1：売り上げデータは、いつ出る？　前回ミスがあったから数字のダブルチェックは必ずしてね。

M2：はい。データは今日の午後には出るはずです。

M1：ロゴのほうは？

F：それが、担当の森本さんが体調悪くて休んでいて、明日も出社できるかわからないと…。

M1：修正したものを鈴木建設に確認とらないといけないでしょ？　間に合う？

F：明日中に修正してもらえればなんとか。鈴木建設に一日で見てもらうとして、ぎりぎりです。

M1：うーん、じゃあ、データはがんばってもらうとして、デザインのほうは時間かかりそうだから、とりあえず修正前のものを入れておくことにしよう。そこだけ追加資料を配布すればいいから。

F：わかりました。一応、明日の朝、制作部に確認してみて、間に合いそうだったら入れ替えますか？

M1：ううん。修正が多いとミスにつながるから、そのままにしておこう。

プレゼンのために、まず何をしますか？

1　売り上げデータの数字をチェックする。

2　ロゴのデザインを修正する。

3　ロゴのデザインを鈴木建設に確認する。

4　追加資料を作成する。

프레젠테이션을 위해 ①매출 데이터와 ②상품의 로고 디자인을 준비하고 있다.

①상품의 로고 디자인: 제작부에 수정을 부탁했다. 담당자가 쉬는 날→겨우 시간에 맞추어도 자료에는 넣지 못한다. 추가 자료를 만든다.

②매출 데이터: 오늘 오후에 나온다→바로 더블 체크 한다

□プレゼン (テーション) : 프레젠테이션
□資料 : 자료
□完成する : 완성하다
□売り上げ : 매상 / 매출
□データ : 데이터
□ロゴ : 로고
□デザイン : 디자인
□修正 : 수정
□要望 : 요망 / 요청 / 요구
□ダブルチェック : 더블 체크
□体調 : 몸상태
□配布する : 배부하다
□入れ替える : 교체하다
□追加資料 : 추가자료

パソコン売り場で、男の人と女の人が説明を聞いています。

F1：大きさや重さはいろいろありますので、どこで使いたいのかを考えてからお決めになるのがいいと思います。まず、こちらの15インチのもの。軽くはありませんが、家の中だけでお使いになるなら画面が大きいほうがいいですよね。家のパソコンとは別に、外出先で使いたいという場合は、こちらの12インチのものがおすすめです。なんと800gを切っていて、持ち運びも苦になりません。ただし画面が小さいです。家でも外でも同じパソコンを使いたいという人にはこちらの13インチのものがぴったりです。重さは1kgを少し越えますが、この大きさなら作業もしやすいです。また、動画を見たりインターネットを使う程度なら、この10インチのもので十分だと思います。重さは約650gです。資料の作成などは難しいのですが、軽いし、バッテリーも長持ちしますしね。

M：仕事で持ち歩くから、できるだけ軽いほうがいいな。

F2：私も同じ。でも、画面が小さいと書類を作るとき困るな。ただでさえ目が悪くなってるし。

M：書類は大きいパソコンで作ればいいんじゃない？　小さいパソコンでは資料を見せるだけにしたら。

F2：そうか。でも、いちいちデータを移すのも面倒だな。どこでも同じパソコンが使えるほうがいいかな。1kgはちょっと重いけど、しかたないね。

M：女性にはそうかもね。僕はいつも荷物が多いから少しでも軽いほうがいいな。外出先で資料をちょっと修正するとか、インターネットで調べものができればいいんだ。

F2：確かに、資料を直したりするなら、こっちのほうがいいね。なんて言っても軽いしね。

質問1　女の人はどのパソコンを買いますか。
質問2　男の人はどのパソコンを買いますか。

① 15인치 : 들고 옮길 수 없다

② 13인치 : 1kg 보다 무겁다. 집에서도 외부에서도 사용하고 싶은 사람을 위한 것

③ 12인치 : 800g 보다 가볍다

④ 10인치 : 약 50g. 자료 작성은 할 수 없다

여성 : 집에서도 외부에서도 사용하고 싶으므로 ②

남성 : 가능한 한 가볍고 자료 수정도 할 수 있는 ③

□パソコン : PC(퍼스널컴퓨터의 줄임말)

□画面 : 화면

□外出先 : 외출하는 곳

□800gを切っている : 800g에 이르지 못하다

□持ち運び : 운반

□苦になる : 마음에 걸리다／부담이 되다

□作業 : 작업

□程度 : 정도

□ただでさえ : 그렇지 않아도

□移す : 옮기다

□面倒 : 귀찮다

□荷物 : 짐

□修正する : 수정하다

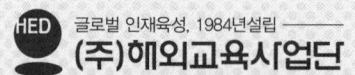

㈜해외교육사업단 발행 도서

일본유학시험(EJU)
2019년 1회 기출문제

일본유학시험(EJU)
대비 개념서 하이레벨
종합과목 개정 제2판

일본유학시험(EJU)
대비 개념서 하이레벨
이과 물리 · 화학 · 생물 개정판

일본유학시험(EJU)
대비 개념서 하이레벨
수학 코스1

일본유학시험(EJU)
모의시험 10회분
일본어 기술 · 독해

일본유학시험(EJU)
모의시험 10회분
일본어 청독해 · 청해

일본유학시험(EJU)
실전문제집(10회분)
일본어 기술 · 독해 vol.1

일본유학시험(EJU)
실전문제집(10회분)
일본어 청독해 · 청해 vol.1

일본유학정보도서
일본대학 학과도감

일본유학정보도서
일본 고등학교 유학가기

일본유학정보도서
일본 유학으로 성공하기

일본유학정보도서
일본 유학 수속 가이드

▶ 판매처 : 교보문고, 영풍문고, 예스24, 알라딘, 인터파크 (각 서점 및 사이트에서 구입 가능)

▶ 해외교육사업단 : 전화 02-552-1010/ 팩스 02-552-1062/ 이메일 hedc@hed.co.kr

독해 · 청해문제 출제 협력

요시무라 유미코 : 일본어 강사
오다 사치코 : 세이난학원대학 비상근강사
시라이 나오야 : 디지털할리우드대학 강사
가와소메 유 : 디지털할리우드대학 비상근강사
미타니 사이카 : 와세다대학 일본어교육연구센터 조수

언어지식문제 출제 협력

天野綾子、飯塚大成、碇麻衣、氏家雄太、遠藤鉄兵、大澤博也、カインドル宇留野聡美、笠原絵理、
嘉成晴香、後藤りか、小西幹、櫻井格、柴田昌世、鈴木貴子、田中真希子、戸井美幸、中越陽子、
中園麻里子、西山可菜子、野島恵美子、二葉知久、松浦千晶、松本汐理、三垣亮子、森田英津子、
森本雅美、矢野まゆみ、横澤夕子、横野登代子（五十音順）

필승합격일본어능력시험(JLPT)N2 모의고사

발행일	2021년 2월 25일　초판　제1쇄 발행

편저	아스크출판 편집부
발행인	송부영
발행처	(주)해외교육사업단
출판등록	제16-1456호
주소	서울특별시 서초구 강남대로 381,(두산709호)
전화	02-736-1010
이메일	song@hed.co.kr
홈페이지	www.hedgroup.co.kr

*본사에서는 소중한 원고, 새로운 기획의 제안을 기다리고 있습니다.

*잘못된 책은 구입하신 서점이나 본사에서 교환해드립니다.